幸せの扉を開く29のカギ

一生感謝

ジョン・クゥアン 著

小牧者出版

推薦文

ささきみつお ── 国際弁護士

感謝は無限の祝福の扉を開く

聖書によると、宇宙万物の創造主・全知全能の父なる神は、無限の祝福をもって、私たちを永遠に愛してくださっている。その愛の神が私たちに求めている三つのことがある。それは、①いつも喜んでいること、②絶えず祈ること、③どんなことにも感謝することである。

悲しいときに喜ぶことはできない。信仰が強くないと絶えず祈ることも難しい。でも、自分の意志によってどんなことにも感謝することはできるはずだ。そう思って、私はできるだけ感謝してきたつもりだし、他の人にも感謝するように勧めてきた。

ところが、本書を読んで、私はあまりにも感謝していないことを悟った。一日の生活を振り返ってみると、実にさまざまな恵みが無償で与えられている。一日一万回感謝しても感謝し足りない。感謝があまりにも少ないのに、自分は十分感謝していると思っていたことに自分の非常な傲慢さを見た。心から反省して、今年の一月元旦から、とにかく感謝、感謝、感謝の日々にしようと堅く決心した。

何事につけ感謝することを実行していると、感謝すべきことがあまりにも多いのに驚いている。特に、嫌な問題が起きたときに、それをすぐ感謝するととても良いことに気がついた。「嫌な問題が起きてしまいました。でも、この問題に感謝します。きっと自分には予想できない良いことが起きると信じて感謝します」。こう感謝していると、問題が引き起こす否定的な苦い思いから解放される。そして本当に何か良いことが起きるような実感がわいてくる。その実感はやがて現実になってくる。「あの嫌な問題がこんな素晴らしい結果になったことを感謝します」。こうして感謝が感謝を自動的に拡大再生産することを体験している。

ジョン・クゥアン牧師は本書を通して、「感謝こそが無限の祝福の扉を開くカギ」であることを、数々の実例によって教えてくださっている。本書は、今、未曾有の困難の中にいる私たち日本人全員にとって最上の必読書である。

推薦文

ホン・ジョンギル ― 南ソウル恵み教会主任牧師

感謝はまさに記憶すること

鐘は鳴るときに鐘となり、まきは燃え上がるときに火となるように、信仰は感謝するとき信仰になります。自分に与えられた神様の恵みを覚えて感謝するなら、それは生きている信仰です。信仰は感謝に比例するのです。

感謝とは、すなわち記憶することです。ですから恵みを覚えていないということは、恩知らずなことなのです。素晴らしいことに、私たちが記憶する瞬間、生きておられる神の御手を感じ、神様の瞳を見ることができます。忘れてしまえばただ意味もなく流れる時間の中の一つの出来事にしか過ぎないことが、記憶して感謝するとき、その中で神様に会うことができるのです。信仰によって神様を覚え、感謝する人にとって、神様はいつでも「インマヌエル（ともにおられるの意）」であられます。

神の恵みを覚えず、感謝しない人に未来はありません。

ジョン・クゥアン牧師はこの本で、人生の中に一つ一つ積み上げられた美しい記憶を広げ、信仰の新しい道を開きました。ジョン牧師のことばには、心に深く入り込む力があります。本書は、感謝を訓練することのできる感謝の方法の指針となるだけでなく、素晴らしい感謝の教本となると信じます。

聖書にこうあります。「すべての事について、感謝しなさい。これが、キリスト・イエスにあって神があなたがたに望んでおられることです」（Ⅰテサロニケ五・一八）。そうです。神のみこころに感謝することは、まことの信仰の結論です。生きておられる神様が、この本を通して栄光を受けられることを確信します。

推薦文

オ・ジョンヒョン ― サラン教会主任牧師

天国を作り上げる鍵

ジョン・クゥアン牧師は、著書『ホワイトハウスを祈りの家にした大統領リンカーン』（小牧者出版発行）を通して「祈り」の力を見せ、多くの人たちを神の前にひざまずいて祈るように導き、『聖書が作り上げた人　デパート王ワナメーカー』（同社近日発売予定）が、人生の指標としていた「神のことば」の前に、私たちを引き寄せてくれました。

今回ジョン・クゥアン牧師は、私たちがどのような状況にあっても楽しむことのできる、驚くべき祝福のカギを見せてくれました。それは、リンカーンのように偉大な祈りの人でなくても、ワナメーカーのように神のことばで武装した人でなくても、私たちの小さくてささやかな日常の中で奇跡を起こし、天国を作り上げる幸せの核心となるカギ、「感謝」です。

「どんなに美しいものも、そこから感謝を除けば、それは不完全だ」ということばの通り、感謝は神のことばと祈りとともに、信仰の三本柱の一本です。ジョン・クゥアン牧師の新刊を楽しみに待ちわびていたときに出会った『一生感謝』は、私たちの信仰の航路に必要な三本柱の一本を完成する、素晴らしい本だと思います。

この本は、聖書に出てくる多くの人物や信仰の偉人たちだけでなく、現代を生きる私たちの隣人の、小さな感謝が作り上げる人生の奇跡を通して、感謝と奇跡の素晴らしい関係と、それによる豊かな実を見せてくれています。

この本は、すでに神様が私に「人生で成してくださった奇跡のために」、感謝を通して楽しむことのできる奇跡の人生が、誰にでも起こりうることを教えてくれます。この本を通して私たちの人生の船が、聖霊の風を受けて、不平と貪欲の流れに逆らい、奇跡の新大陸を発見できることを願います。

推薦文

イ・チョルファン ── 『月の街山の街』(ワニブックス)『こんぼパン』(ラブソナタ)著者

感謝は心を照らす星明かり

一番平凡な一日が、一番幸せな一日であるということを、この本を通して改めて知りました。猫が多いと不平を言ったかと思えば、すぐにねずみが多いと不平を言う。私たちの人生はそのようなものです。当たり前のことに感謝し始めれば、またひとつの実が作り上げられるというみことばも、大切に盛り込まれています。感謝する信仰で生きたいと思います。本の中にあふれている感謝のことばが、読者の心の中に、白い雪のように、こんもりと降り積もることを願います。神様の美しいストーリーが、屋根の低い家のガラス一枚一枚に照らされる輝く星明かりとなればと思います。

プロローグ

人生を感謝で染めよ

アメリカから韓国に戻って、妻と最初にしたことは、必要な生活品リストを作ることだった。書き出してみると、意外と必要なものが多い。ふと、アメリカに初めて到着した日、何もないカーペットの上に新聞紙一枚を敷いて食事をした記憶がよみがえってきた。

何日間か新聞紙の床の上で食事をしたが、八年余りをそこで過ごし、韓国に戻る頃には、とてもたくさんの荷物があることに自分でも驚いた。韓国に戻っても、やはり床に新聞紙一枚を敷いて食事をすることから始まったが、一年も過ぎる頃には、運動場のように広く感じられた家は、隅々までものでいっぱいになってしまった。

社会学者たちの分析によると、一九五〇年代、地球に住む人に必要な生活用品は七十二品、絶対に必要なものは十八品だったそうだ。しかし、二〇〇〇年代に生きる現代人の生活用品は五百品以上、最低限必要なものだけでも五十品を超すと言う。必要な生活用品に埋もれて暮らす現代人は、果たして五、六十年前の人たちよりも幸せで、感謝しているのだろうか。

私が住んでいた田舎に電気が初めて引かれたのは、私が小学校六年生のときだった。電気が初めて点いた夜、私たちの家には、稲の収穫を終えた村のおじさんたちが夕食のために集まっていた。部屋では、電気工事の人が熱心に仕上げ作業をしていた。私は好奇心いっぱいに電灯が点くのをじっと見守っていた。まるで真昼のように明るい蛍光灯がぱっと点いた瞬間、私の口から思わず感嘆の声が出た。そのときの喜びと驚きは、今でも忘れることができない。その後間もなく、村で一番裕福な友人の家が、白黒テレビを買った。私はテレビを見るために、両親と友人の様子をうかがいながら、靴がすり減るほど頻繁に友人の家の居間を訪れた。私は心の中で、我が家にもこのような立派なテレビがあればどれほど幸せだろうかと、友人をとてもうらやましく思った。中高生の頃には、テープレコーダーで英会話を勉強している友人をうらやましく思い、遠足のときにはカメラを肩にかけている友人たちを羨望の眼差しで見ていたものだ。

最近は経済的に困難な時代だと言われている。しかし三十年前と比較してみれば、私たちの生活は衣食住すべての面で豊かさを享受している。当時は想像もできなかった乗用車をほとんどの人が所有し、携帯電話も小さな子どもまでが持っている。私が中学生くらいの頃には、電話をかけるために郵便局まで自転車に乗って行かなければならなかったのに、今では田舎にも電話のない家はないほど、電話は必需品となった。テレビも最近では壁にかけられるようになり、デジタル画面にまで発展した。コンピュータ、冷蔵庫、洗濯機、扇風機、エアコン、キムチ冷蔵庫、デジタルカメラ、浄水器、加湿器、MP3、ランニングマシンなどが、多くの人にとって必需品となってしまった。

昔は、王様でさえ旬でなければ食べられなかった新鮮な果物を、今は一年中食べることができる。昔の王様がもし今の生活を見たら、うらやむほど豪華だろう。駕籠《かご》に乗っていた王様が自動車に乗る人を見たら、どれほどうらやましがるだろうか。

このように、多くの人が便利な生活の中で生きているが、果たして昔の人に比べて幸せだと言えるのだろうか。残念ながら現代人は、心が飢え渇いている。また、このような人生には一つの共通点がある。それは「感謝」がないということだ。幸せになるためには、感謝に目を留めなければならない。多くのものを持っているから幸せになるのではなく、感謝する人だけが幸せになれるのだ。幸せは、持っているものの大きさではなく、感謝の大きさに比例する。感謝する人は幸せだ。感謝は、幸せの扉を開くカギだからである。

私は、この本を読むすべての人が、人生で一番大切なことが何であるかを知ることを望んでいる。そして、以前とは違う人生となるように願っている。何よりも、感謝のない干からびた人生から、小さなことに感動して生きる感謝の人生となることを願う。一瞬だけ、瞬間的にぱっと感謝をする人生ではなく、「一生感謝」する幸せな人生となるように。もちろん感謝を習慣化することは、一朝一夕にはできないだろう。しかし少しずつ感謝を実践するなら、いつしか、一生感謝する人生となることを私は確信している。感謝とは、悟った人のすることだからだ。

最後に、読者の皆さんに一つお願いしたいことがある。この本を読むとき、伝統的なお茶を飲むように、できるだけゆっくり味わいながら読むことをお勧めする。伝統的なお茶は、口の中にしばらく含んで味わいながら飲むことで、味と香りが立ち上り、深い味を十分に楽しむことができる。この本も、ゆっくりと味わいながら読めば、濃い感謝の味と香りを感じることができる。心に余裕を持って、本の内容にあるように感謝することを探して自分の人生に適用すれば、以前とは全く違った人生が開かれるだろう。

多くの人が本書を通して感謝のウィルスに感染し、幸せな人生を願い、家庭や職場、教会、また外の社会を、感謝で染めることを心から願う。さあ、では今から、幸せな人生のための感謝の旅行に一緒に旅立とう。

目次

CONTENTS

春 Spring

感謝とは、胸の奥から燃え立つ
陽炎のようなもの

感謝は熱い太陽の日差しの中を
吹き抜けるさわやかな風のようなもの

夏 Summer

秋 Autumn

感謝は今にもはじけそうな
実の豊かさのようなもの

冬 Winter

感謝とは、ふんわりと枝に咲いた
きれいな雪の花のようなもの

幸せだから感謝するのではなく
感謝するから幸せなのです。

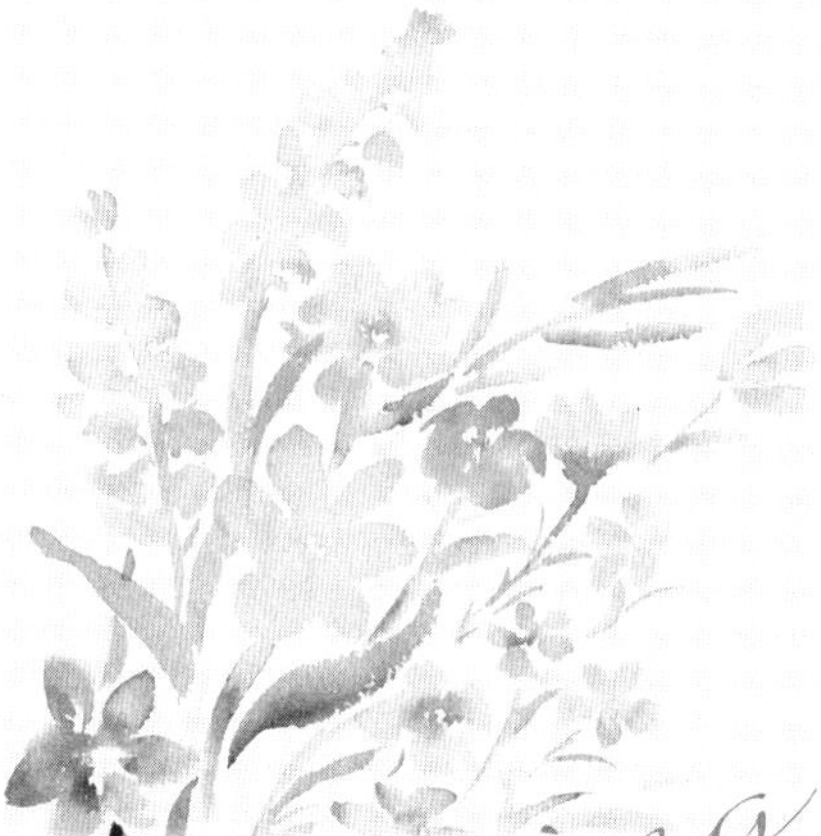

春 Spring

感謝とは、胸の奥から燃え立つ
陽炎《かげろう》のようなもの

一番目の感謝

幸せの扉を開くカギ

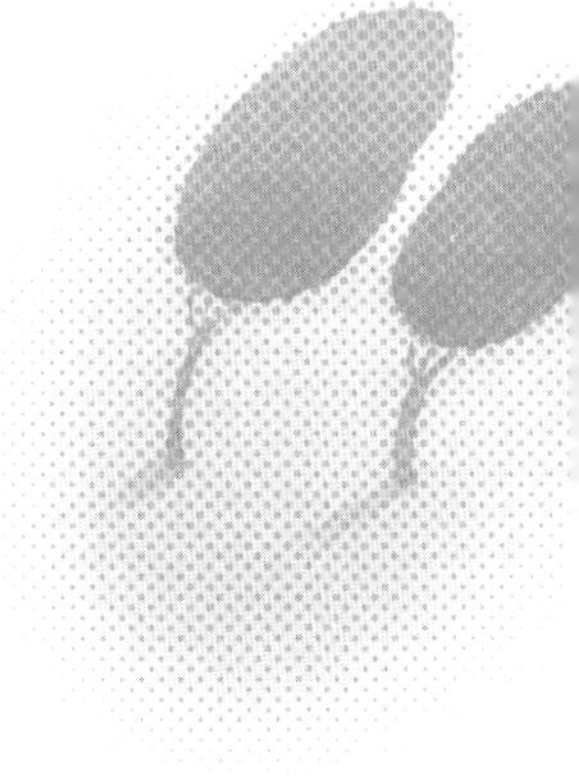

ユダヤ人の人生読本であるタルムードには、「**世界で一番知恵のある人は学ぶ人であり、世界で一番幸せな人は、感謝しながら生きる人である**」ということばがある。感謝しながら生きる人は、そうでない人よりずっと健康で幸せだ。感謝しない心と肉体は病気にかかりやすく、不幸になってしまう。

体は感情に敏感に反応するため、感謝すると脈拍が安定し、胃腸の働きを助け、消化を促して気分までさわやかにさせるため、健康になるそうだ。

反対に不平を言うことは、血液循環を妨げ、脈拍を速めると同時に、胃腸の働きを停止させ、胃に入ってくる食物の消化を拒否し、健康にも害を与えるという。だからこそ、何かを持っている持っていないにかかわらず感謝する人は、幸せな人生を送るのだ。

世界五十四カ国の国民を対象に、幸福値を調査して発表したことがある。ところが幸福値が、物質的な所有や環境の条件に反比例していたため、幸福の尺度について、もう一度考えなければならなくなった。

最も幸福な国には、大部分の人の予想に反し、最も貧しい国の一つであるバングラデシュが選ばれた。続いてアゼルバイジャンが二位、ナイジェリアが三位となった。反対に、経済大国であり最高の文化施設と教育環境や自然環境などを兼ね備えた先進国であるアメリカ、スイス、ドイツ、カナダ、日本などが四十位以下となり、大きな衝撃を与えた。韓国の幸福値も二十三位にとどまった。

では、最も幸福値が高かったバングラデシュとは、どのような国なのだろうか。

一人当たりの年間の国民所得は、韓国の百分の一の水準である二百ドルで、世界で最も貧しい国である。人口密度は世界一位で、文盲率も九十パーセント近くに上る。毎年、国土の八十パーセント以上が洪水による被害を受ける。天然資源もなく、お金があるわけでもなく、教育施設や医療施設も劣悪な環境だ。かといって思い切り楽しめる文化やレジャー施設があるわけでもない。社会は両極化し、賄賂や不正、腐敗が蔓延している。それでも彼らの幸福値は高いのだ。彼らの大部分は、朝起きても出勤する職場がなく、勉強する学校もなく、さらには体の調子が悪くても訪ねていく病院もない。

しかし苦しい生活の中でも、小さなことに感謝して満足する生活をしている。家族や隣人との親密なつながりを通して、幸せの糸を結んでいるのだ。

幸せの要因を見ると、先進国の場合、所得の上昇は個人の幸せ度にあまり大きな影響を与えない。それに比べ貧しい国の場合は、所得が少しでも増えると、人生の質に大きな影響を与えるという。

また貧しい国の国民は、人間関係の深い情が人生の幸せにつながる反面、先進国の人々は、かえって人間関係から生じる疎外感と、持っているものを比較することによる相対的な貧困感のため、不幸をより強く感じるという。

このように幸福値は、客観的な条件や指標よりは、幸せだと感じる人の主観的な考え方によって異なってくる。

実際、幸せには絶対的な基準はない。ある水準に達すると幸せだとか、不幸だという答えがないのだ。幸せには教科書や参考書があるわけでもなく、公式や模範解答があるわけでもない。

幸せとは自分で作っていくものである。自ら考え、感じる程度に従って、幸せの度合いが決まるのだ。

幸せは持っているものに比例するのではなく、感謝する心に比例するものである。

幸せとは、ないものに関心を寄せることではなく、あるもので満足することである。あるものを大切に思い、感謝する人が幸せな人生を送ることができる。ないものに対する不平が、あるものに対する感謝に変わるとき、初めて幸せな人生になるのだ。

たとえ他の人より貧しくても、あるもので満足し、小さくても自分の人生を満たしてくれるものがあることに感謝しながら生きること。これがまさに幸せなのだ。カー

どれだけ幸せかは

感謝の深さにかかっている。

感謝することを知らないで

幸せな人はいないだろう。

ル・ヒルティは彼の著書『幸福論』で、「幸福の最初の条件は感謝である」と言っている。

「感謝しなさい。そうすれば若返ります。感謝しなさい。そうすれば発展します。感謝しなさい。そうすれば喜びがあります」

たとえ小さなことでも、感謝できる心を持っている人は、幸福値も高くなる。人は幸せだから感謝するのではなく、感謝しながら生きるから幸せになるのだ。感謝は必ずや幸せの扉を開いてくれるカギである。

2

二番目の感謝

平凡な毎日の大切さ

先日私は、農村の教会にいるある牧師の文章を読んでとても共感し、思わず笑ってしまった。

その牧師は、毎日同じことをくり返す働きに飽きて、何か新しいことが起こらないかと思いながら一日一日を過ごしていたそうだ。朝起きると早天祈祷会、水曜礼拝、金曜礼拝、日曜礼拝、昼は信徒訪問、その合間に説教準備……。

このような生活パターンは、どの牧師もほとんど同じだと思うが、いずれにせよこの牧師は、とても静かな田舎でくり返される日常に飽き飽きしていたのだ。

しかし、このような考えをくつがえす事件が起きた。

牧師は贈りものとしてもらった珍島犬《チンド》という犬を飼っていたのだが、その犬が赤ちゃんを三匹産んだのだ。ところが赤ちゃんを産んだ数日後の土曜日の夜遅くに、母犬が落ち着かず、キャンキャンと鳴きやまない。家族は皆、慌てて動物病院に連絡した。しかしとても遅い時間だったので、病院には誰もいないのか電話がつながらない。しかたなく牧師は、一睡もせずに日が昇るのを待った。

翌日、牧師は早天祈祷会を導き、日曜の説教の準備もしなければならなかったが、すべての計画がストップしてしまった。母犬と子犬が一緒に吠える声に、早天祈祷会をどうやってささげたか分からないほど心が落ち着かなかった。どれほど取り乱していたかというと、母犬と子犬の頭に手を置いて祈ったほどだった。

明るくなると、牧師はすぐに獣医を呼んできた。母犬と子犬たちの状態をじっくりと診察した獣医は、母犬が消化不良のために子犬たちが乳を吸わず、乳房が腫れ、痛くてこのように吠えているのだと言った。応急処置として母犬の乳房を絞ってあげ、子犬たちに乳を飲ませ、幸いなことに母犬と子犬は回復した。こうして日常の平穏が再び戻ってきた。

ようやく問題が解決して安心した牧師は、日曜礼拝の説教の準備もできないまま講壇に立ち、礼拝の間ずっと冷や汗を流していたという。

変わらない日常の繰り返しが退屈だと思っていた牧師は、小さな騒動のために大変な時間を過ごしたことを思い起こし、それからは「とても平凡な日常は、神様からの贈りものだ」と考え、日々感謝しつつ過ごすようになった。

私もまた、アメリカ生活を始めて二年ほどたった頃、毎日の生活がとても単調で飽きてきたことがある。人生の意欲が底をついたとでも言おうか。人生に対してわくわくする心や期待感もなく、流れていく時間をただやり過ごしている自分の日常には、幸せも感謝もなかった。

暗く重苦しいシカゴの天気のように、心にも暗い雲がかかったまま、最小限の義務感で生きていた。教会での働きも、最初にはあった熱い情熱や献身の思い、ビジョンと希望はいつの間にか消え去り、心はすっかり冷めていた。

そんなある日、息子のソンミンがけがをした。

新しく赴任した牧師の家庭に教職者たちと訪問に行くとき、幼いソンミンを連れて行ったのだが、子どもたちだけで一緒に遊んでいるとき、カーペットの上に落ちていた爪楊枝が足に刺さったのだ。

すぐに病院に行ってレントゲンを撮り、結果を待っていたのだが、爪楊枝がどこにあるかはよく見えず、簡単な治療だけをして家に帰った。とりあえず様子を見て、翌日学校に送り出したのだが、家に帰った息子の足を見ると、ぱんぱんに腫れ上がっていた。

動転している心を落ち着かせながら、子どもを車に乗せて病院に急いだ。病院では、小さな爪楊枝のかけらを探すのに必死だった。結局、かけらをいくつか見つけたということで手術を終えた後、抗生物質を処方してもらい家に帰った。

ところが足の腫れは、全く引く気配がない。歩くことさえできないほどだったので、このままではだめだと思い、病院にもう一度向かった。再び手術台に上った幼い息子は、痛いと悲鳴を上げていた。

今回も異物は見つからなかった。

担当医師がＭＲＩ撮影を勧めたが、費用があまりにも高いため、すぐに返答をすることができず、今日明日と延ばしてしまった。

息子は、情けない両親のせいで約七カ月間苦しんだが、かわいそうに思った医師がＭＲＩを無料で受けさせてくれ、ついに針のように細い爪楊枝のかけらを取り除くことができた。

後で現像されたフィルムを見ると、爪楊枝の割れた半分のかけらが、足の薬指の骨にちょうどぴったりくっついていて、骨の一部分のように白く見えたため、肉眼では識別できなかったようだ。こうして爪楊枝のかけらを取り除くと、息子の足は治り始めた。

私は何カ月もの間、毎日息子の足を抱きしめながら、神様が手を置いてくださるようにと、涙をもって祈った。

そのとき初めて、日常の平凡さがどれほど大切で感謝なことかを心の底から悟った。子どもたちが朝学校に行き、午後になると帰ってくる。妻が朝仕事に行き、夕方になると戻ってくる。私もまた、教会に朝出勤し、夕方になると帰ってくる。これは平凡な日常ではあるが、感謝し感激しながら生きなければならない神様の恵みの時間であることを、高い代価を払ってようやく分かったのだ。

私が平凡な日常の大切さを悟らなかったせいで、七カ月もの間病院に通い、毎週、または隔週月曜日ごとに時間を費やして、平凡な日常の大切さに関する訓練を受けなければならなかった。それも息子が苦しむ姿を直接見ながらだ。

それ以来、平凡な日常を感謝しようと努力している。

何よりも神様のことばをもう一度黙想し、感謝を回復するようになった。

そして感謝なことに、人生で一番暗くつら

かった時期に、神様のことばを通して人生のビジョンを見つけることができた。また感謝を回復することにより、希望と喜び、情熱、献身、涙も回復した。

感謝こそが、私の人生を明るい光の中に導いてくれたのだ。

感謝は、美徳の中でも一番素晴らしいものであるだけでなく、他のすべての美徳を生み出すといえる。

——キケロ

三番目の感謝

百万回の感謝

長いようで短かった八年あまりのアメリカ生活を終え、韓国の地を踏みながら再び感謝の思いをかみしめた。

私は家族を連れて、甘酸っぱくも懐かしい故郷の香りをかぎながら、両親が住む江原道《カンウォンド》に向かった。久しぶりに家族全員が集まり、家族礼拝をささげることができた。

皆が元気な姿で会えたので、言い尽くせない喜びに満たされた。

丸くなって座り、ともに賛美の歌を歌い、母が代表の祈りをしたのだが、実に感慨深かった。感謝の思いが自然にわき上がってきた。

黙想する聖書の内容を詩篇一三六篇に決め、「感謝の生活」という題で恵みを分かち合った。

詩篇の箇所を黙想していると「この作者は、感謝することが生活となっていた人なんだ」という思いが湧いてきた。なぜならそこには「感謝せよ」ということばが、何と二十六回も出ていたからだ。

最初から最後の節まで、一節も抜けることなく「感謝」があふれている。善である神様、今も具体的に私たちを助けてくださる神様がなされた二十六の内容について、詩篇の作者は一つ一つ感謝している。

感謝とは、すべて満たされた人がするものではなく、神様の恵みを悟った人だけができることである。この詩篇の作者は、神様の大きな恵みを悟り、日々感激して感謝の人生を送った人であることが分かる。

彼が二十六の感謝の項目を見つけて感謝したように、私たち家族も、これまでに神様が注いでくださった恵みを、二十六項目挙げてみた。感謝の項目を一つ一つ家族と分かち合いながら、神様が私たち家族にも実に大きな恵みを注いでくださっているこ

とを、改めて確認する時間となった。

私は、両親にも感謝する項目を一つずつ挙げてくれるよう頼んだ。すると父は、「何よりもお前たち皆が帰ってきて、このように礼拝をささげられることが一番感謝だ」と言った。母と違い、まだ信仰の浅い父からこのような告白を聞いて胸がいっぱいになった。両親が神様を受け入れて、救いを受けたときの感激がよみがえってきた。

高校生の頃、私は父の救いのために四十日間、朝教会で祈ることにした。一日も休むことなく祈りながら、父が神様に出会って神様の恵みを知ることができるよう強く願った。

とうとう四十日目、教会に行くことをかたくなに拒否していた父が、心の扉を開いて教会に足を運んだのだ。このことで私は、神様は本当に生きておられると確信することができた。当時、新米クリスチャンだった私が、初めて経験した尊い信仰体験だった。

感謝の項目を書き記しながら、私たち四人の兄弟の中で、唯一神様を信じていなかった姉の家族が神様を信じ、救われたときのことも思い出した。

姉の救いのためには二十五年間祈っていたが、私がアメリカにいたとき、私たちの家に遊びに来て神様に出会うことができたのだ。そのときの感激は、ことばで言い表すことのできないほど大きなものだった。今でもそのことを思い出すと胸がいっぱいになり、自然と感謝の賛美が湧き上がってくる。

姉自身も、驚くべき神様の恵みに数え切れないほど涙を流し、唇から感謝の告白が途切れることはなかった。両親と姉の救いの瞬間を思い起こせば、二十六回どころではなく、百万回の感謝でも足りないと思う。

実際に、テキサスで成功したある実業家が、神様の恵みがうれしくてたまらず、「神様、感謝します」ということばを百万回書いた本を出そうと、出版社を訪ねたことがあった。

本のタイトルは『百万回の感謝』だった。しかし原稿には、百万個の感謝の内容が書かれていたのではなく、「神様、感謝します」ということばだけが、びっしりと書かれていた。結局、どの出版社からも出版してもらえなかった。

彼は、人生の中で起こったすべてのことに百万回でも感謝することが、人生の祝福と成功の秘訣であると伝えたかったようだ。なぜなら彼は、酒と女に溺れ、廃人になって死ぬ寸前だった。そのとき神様に出会って完全に新しい人生を送るようになり、事業家としても成功したのだ。

彼はこの驚くべき恵みと感激を、一冊の本に記しておきたかった。

ハプニングとして終わった話ではあるが、もしこの本が出版されていたら、私は一冊買ったかもしれない。彼の心が、少し理解できるからだ。私もやはり一度、神様の恵みがあまりにもうれしくて「神様、感謝します」ということばをノートにぎっしり書いたことがある。胸がときめくような神様の愛と恵みを感じたことのある人ならば、百万回は書くことができるだろう。

詩篇の作者も、「感謝し、さらに感謝せよ」と言っている。

この作者の感謝は二十六回だけにとどまらず、紙面が許すなら百万回でも感謝できるほど、詩全体に感謝があふれているのが分かる。彼の唇に感謝があふれているのは、心に感謝があふれているからなのだ。

だからこそ、すべてのことが感謝となる。感謝する人にとっては、感謝とならないことなど一つもないのである。

詩篇の作者が、自分の人生の中で主がなしてくださったことを一つ一つ感謝したように、私たちも自分の人生に臨んだ主の祝福を、静かに考えてみてはどうだろうか。二十六回の感謝ではなく、百万回の感謝でも足りないと感じることだろう。

四番目の感謝

トークショー女王の成功の秘密

世界百三十二カ国、一億四千万人の視聴者に笑いと涙を与えるオプラ・ウィンフリー・ショー。オプラ・ウィンフリーが自分の名前を掲げて進行するこのショーは、エミー賞を三十回も受賞し、アカデミー・オブ・テレビジョン栄誉の殿堂入りもした。

彼女は、現在トークショーの進行だけでなく、女性専用ケーブルテレビ「オキシジョン」の共同運営者であり演出家、テレビ番組制作家、出版及びインターネット事業などをすべて行う「ハーポ（Harpo）」プロダクションの会長でもある。芸能人の中でも最高の収入を得ている彼女の財産は十億ドルを上回り、まさに人種と性の壁を越えて成功を収めたスターとして、憧れの的となっている。

しかし彼女の昔の人生は、今の幸せとはかけ離れたものだった。

母親はとても貧しく未婚で、祖母によって育てられた。叔父から性的暴行を受け、十四歳で出産し、未婚の母となった。子どもは生まれて一週間で亡くなり、そのショックで家出をした彼女は、麻薬を打ちながら一日一日を地獄のように過ごした。当時のオプラは、生きる意欲が全くない一〇七キロの太った不幸な黒人女性に過ぎなかった。

このような不幸せな彼女の人生に終止符を打つ重要な出来事があった。それはキリスト教の信仰によって変えられた実の父親との再会だった。救われて生まれ変わった父親は、自分の娘オプラ・ウィンフリーに新しい世界を見せたのだ。

父は彼女に毎週本を読ませ、聖書を読んで暗記する訓練もした。初めて触れた本は彼女の知的好奇心を刺激し、人生の楽しみを増やしてくれた。また聖書は、彼女の霊に聖なる価値感を教えてくれた。

十九歳になったオプラは、ナッシュヴィルのテレビ放送局に就職し、黒人女性として初のニュースアンカーに抜擢された。そこで三年を過ごした後、もう少し大きなボルチモアのテレビ放送局で、六時のニュースアンカーを務めた。

しかし、担当者はオプラのニュースの伝え方が感情的だと判断し、彼女を朝の番組『みんな言っている』に左遷してしまった。しかしこの出来事は、むしろ彼女にとって「けがの功名」とも言うべき契機となった。

オプラは、最初の朝の放送について、次のような感想を述べている。

「最初の放送が終わった瞬間、私は神様に感謝しました。なぜなら私がしようとしていたことを、ついに見つけたという感じがしたからです。まさに楽に息をすることができたような感じでした。実際のところ、生きていても望んでいる仕事を見つけられないことが、よくありますよね。むしろ仕事の方が私を選んでいるようなこともあります。私は朝の番組に左遷されましたが、やっと本当の自分の仕事に出会ったと思っています」

ようやくオプラは、自分がいるべき場所を見つけたのだった。この朝の番組『みんな言っている』は期待以上の大成功を収め、彼女はトークショーの女王となる第一歩を踏み出した。

現在オプラは、世界でも最も忙しい人の一人となっている。

それにもかかわらず、彼女が一日も欠かさずにしていることがある。

それは毎日「感謝日記」を書くという習慣だ。一日の中で五つの感謝する項目を見つけて記録するのだが、感謝の内容は大したことではなく、とても小さな日常のことだ。

一　今日も気持ちよく、目覚めることができて感謝します。
二　ひときわまぶしく、青い空を見せてくださり感謝します。
三　ランチのとき、おいしいスパゲティを食べることができて感謝します。
四　腹立たしいことをした同僚に、怒らなかった自分の忍耐に感謝します。
五　良い本を読みました。その本を書いた作家に感謝します。

彼女は感謝のリストを記録しながら、人生で大切なことが何であるか、どこに人生の焦点を当てなければならないかを学んだと告白している。

人生の力の源である感謝の習慣が、彼女を強い人にしたのだ。

このように、小さな日常の出来事に感謝して感激する人が、人生の大切さを悟ることができる。

五番目の感謝

ハバククの超越感謝

感謝に目が開かれると、感謝の条件は遠いところではなく、とても近いところにあることが分かる。

振り返ってみると、すべてのことが恵みであり感謝だ。私には温かい家庭があり、頼れる両親や兄弟がおり、働く職場があり、日々の糧があり、着る服があり、自然の美しさがあり、礼拝をささげる教会があり、愛を分かち合う信徒がいる。だからこれらすべてが感謝の条件である。

特に救いを頂いたことは、一番大きな感謝の条件だ。

そして私たちが受ける患難や試みも、感謝の目で見るなら有意義な神様からの贈りものとなる。なぜなら神様は、患難や苦難の中に純金のような宝石を隠しておられるからだ。

患難の中で神様だけに固く信頼し、神様が隠されている宝石を発見した人を、聖書の中で一人あげるとすれば、それはハバククである。彼の感謝を見ると、日常的な幸せにも感謝できない自分の姿が恥ずかしくなる。

ハバククの感謝は、近づいてくる戦争の恐れの中でささげる苦難の日の感謝だった。戦争が始まるという状況、それも当時の最強国であるバビロンがユダの国を侵略するという知らせを聞いたハバククは、極度の恐れに襲われた。

「私は聞き、私のはらわたはわななき、私のくちびるはその音のために震える。腐れは私の骨のうちに入り、私の足もとはぐらつく。私たちを攻める民に襲いかかる悩みの日を、私は静かに待とう」（ハバクク三・一六）

彼の心は戦争の恐怖にとらわれ、はらわたはわななき、骨が腐るほどの苦痛を味わった。また戦争で国全体が荒地になり、神殿は破壊されて廃墟に変わり、多くの民がいのちを失う惨状が思い浮かび、そのつらさに耐えられなかった。そのような苦難の日に、彼は神様に祈りをささげた。

「主よ、なぜこのような苦難と苦痛を味わわなければならないのですか」

預言者ハバククは、苦難の理由を理解できなかった。だから神様に何度も祈った。そうしているうちに彼の祈りが、ついに感謝の祈りに変わった。

木は日照りのときに根を深く張り、冬の冷たい風によって丈夫になり、夏の暴風雨と猛暑に耐えてこそ、よく熟したおいしい実を結ぶことができる。母親は、出産の痛みがあるからこそ子どもに対する愛情が深まり、夫婦はともに苦難と試練を通ってこそ、さらに深い一体感を経験することができる。

困難なことに直面するとき、むしろ試練は忍耐を、忍耐は鍛錬を、鍛錬は感謝をもたらす。ハバククは苦難によって芯のしっかりした感謝の信仰を持つようになり、かえって苦難と試練のときに、感謝の歌を学んだのだ。

ハバククの感謝に学べるもう一つのことは、何もない中でささげる感謝である。

「そのとき、いちじくの木は花を咲かせず、ぶどうの木は実をみのらせず、オリーブの木も実りがなく、畑は食物を出さない。羊は囲いから絶え、牛は牛舎にいなくなる」（ハバクク三・一七）

彼は、いちじくもぶどうもオリーブも実を結ばず、畑の食物もなく、囲いに羊もおらず、牛舎には牛がいないという自分の状況を語っている。生きるために必要な最小限の食料さえないということは、希望が消え去った状態を意味する。

豊かな秋の収穫を期待していたのに、収穫はおろか洪水と台風が相次ぎ、牛や羊まですべていなくなってしまった。羊や牛がいないということは、いけにえもささげられないという最悪の状態である。

戦争の危険、衣食住の困窮、礼拝の危機と、政治的、経済的、宗教的に、どれをとっても希望が見えない、絶望的な雰囲気だった。ハバククは座り込んで慟哭《どうこく》し、地をたたいて神様を恨みたい心情だっただろう。

しかし、このような暗い鬱々とした状況で、ハバククはどうしただろうか。

彼は寂しい心や不平、恨み、疑いをすべて追い出し、感謝と賛美をささげた。そして、このようなひどい状況で涙の告白をする。

「神様。私たちにはもう何もありません。肉や果物はおろか、炊いて食べる米も底をつきました。野菜もすべてなくなりました。しかし神様に感謝することをやめることはできません」

ハバククは、次のような祈りをしたことだろう。

「喜びだけでなく、悲しみにも感謝します。

成功だけでなく、失敗にも感謝します。
希望だけでなく、絶望にも感謝します。
持っているものだけでなく、ないものにも感謝します。
豊かなときだけでなく、足りないときにも感謝します。
勝利だけでなく、敗北にも感謝します。
健康だけでなく、体の痛みにも感謝します。
いのちだけでなく、死にも感謝します」

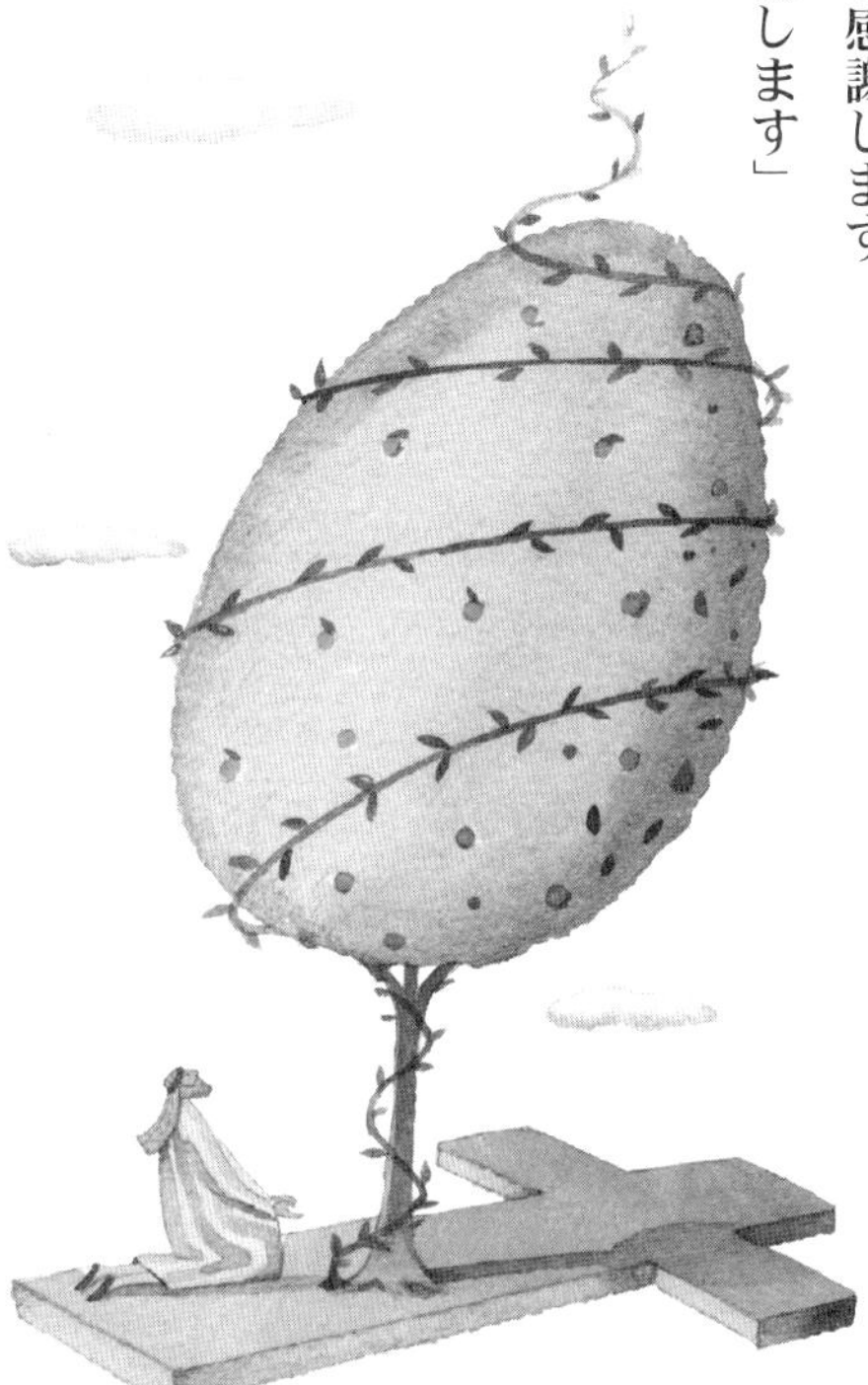

すべてを失っても、また自分のいのちさえなくなるとしても、心を尽くして感謝する彼の告白は美しい。

ハバククがこのように感謝をした理由は、すべて神様にあった。彼は自分にとって一番大切な存在、すなわち救いの神様のゆえに感謝し、喜んだのだ。

「しかし、私は主にあって喜び勇み、私の救いの神にあって喜ぼう」

（ハバクク三・一八）

彼は宝のような神様の価値を知っており、ただ神様だけを喜び楽しんでいた。彼はこう叫んだ。

「私は何も持っていないけれど、神様にあって楽しみ、救いの神のゆえに限りなく喜ぼう。神様だけにつながっていよう」

たとえ何もなくても、救いの神を自分の神とする人は、喜び楽しみ、感謝することができる。この世のどんなものとも比較できない、一番大切な宝をすでに持っていることに満足し、感謝することができるのだ。

すべてのものが消え去っても、永遠に消えることのない神様のゆえに、感謝しなければならない。たとえ私のすべてがなくなったとしても、神様は私の感謝の歌となられ、感謝の対象であられるからだ。本当の感謝とは、すべての環境を超越してささげる感謝である。

感謝できないことに感謝する信仰、救いの神に感謝する信仰、これがハバククの感謝の信仰である。

六番目の感謝

感謝を妨げる敵

私たちは、小さな感謝が大きな幸せをもたらすという事実を忘れて生きている。感謝どころか、不満と絶望が私たちの人生に居座っている。欲のため、比較意識と劣等感のため、心配と憂いのために感謝することができず、私たちの貴重な人生を無駄にしているのだ。私たちの周りに潜んでいる、感謝の人生を妨げるたくさんの敵を次に挙げてみよう。

第一に、私たちが感謝できない一番大きな理由は「欲」である。

「人の欲はとても深く際限がないので、神さえも人の欲を満たすことができない」という冗談がある。この世のもので満たすことができないもの、それが人間の欲である。人は何かを強く望み、それを手に入れても満足せずに他のものを欲しがり、さらに多くのものを望んで不幸の泥沼にはまっていくのだ。

欲と感謝は共存することができない。欲はサタンに属し、感謝は神に属しているからだ。神の恵みを一瞬にして不平に変えてしまうのが欲である。ある程度の欲は人生の意欲を呼び起こすこともあるが、行きすぎた欲は不幸を招く原因となる。

だからこそ私たちは、聖書に登場するパウロの告白のように、満ち足りるすべを知らなければならない。

「私は、貧しさの中にいる道も知っており、豊かさの中にいる道も知っています。また、飽くことにも飢えることにも、富むことにも乏しいことにも、あらゆる境遇に対処する秘訣を心得ています」（ピリピ四・一二）

満ち足りることを知らない人生は、欲求が満たされても感謝できず、再び不平を言う。

ある日、イギリスのコングルトン卿は、厨房で働いている侍女の一人が、ほかの侍女にしている話を、偶然耳にした。

「ああ！　五ポンドあったら、本当に幸せなのに……」

彼の耳に、侍女のことばがずっと残っていた。

「私にとっては大したことのない五ポンドが、侍女には幸せをもたらすのか……」

彼は、本当に一人の人が幸せになる姿を見たくて、彼女に五ポンドをあげようと決めた。彼は厨房にいる彼女を見つけ、偶然会話を聞いてしまったが、彼女が本当に幸せになることを願っていると話し、五ポンドを渡した。

侍女は感激し、彼の親切に感謝した。コングルトン卿は厨房を出て、自分の小さな善行を喜び、しばらくドアの外に立っていた。

そのとき、中から侍女がブツブツとつぶやく声が聞こえた。

「私って本当にばかだわ。何で十ポンド欲しいって言わなかったのかしら！」

自分が願っていたものを手に入れても感謝できない人は、欲望の泥沼に陥っている。聖書も、行きすぎた欲望を持って満足できない態度に対して警告している。

「人はそれぞれ自分の欲に引かれ、おびき寄せられて、誘惑されるのです。欲がはらむと罪を生み、罪が熟すると死を生みます」（ヤコブ一・一四〜一五）

二番目に、「比較意識」も感謝を妨げる大きな敵である。

比較意識は、欲望の別の顔のようなものである。相手と自分を絶えず比較し、優越感から高慢になったり、劣等感から自己卑下に陥ったりするのだ。どちらにせよ、感謝できないことは同じである。

比較意識は、私たちを相対的な貧困に陥れる。相手が自分より多くのものを持っていたり、多くの愛を受けていたり、より高い学歴や才能を持っているといって比較し始めると、感謝は消え去り、不幸の泥沼にはまっていく。

映画『アマデウス』のモーツァルトとサリエリの生涯を通し、比較意識が人をどれほど悲惨にするかを悟ったことがある。

サリエリは当時、最高の音楽家であった。モーツァルトが現れる前、彼は羨望と尊敬を一身に受けた幸せな人生を送っていた。しかしモーツァルトと比較し始めたときから、彼の人生は不幸の泥沼にはまっていった。

彼を怒らせたのは、自分は夜通し全力を尽くして作曲をしても、人々の記憶に残る曲は作れないのに、モーツァルトは女の子と遊び回り、空き時間に趣味として作曲しても、不朽の名作を作れるということだった。

彼をさらにみじめにさせたのは、自分がモーツァルトの天才的な才能を見抜く目を持っていたということだった。

彼は叫んだ。

「なぜ私には、天才を見いだす能力だけを与え、モーツァルトのように天才的な作曲能力を与えてくださらなかったのですか」

結局、比較意識と劣等感が彼の人生を破滅に追いやったのだ。

朝、感謝で目を覚ませば

人生は晴れ。

感謝の日差しが不平の雲にさえぎられると

人生は曇り。

そして、その不平が続くと

人生は梅雨の雨。

サタンは絶えず、比較によって私たちを妬みの奴隷に転落させ、みじめにさせる。
人生をみじめにするのは、貧しさから来る悲しみでも、失敗から来る苦痛でもない。
才能が足りないために漏らすため息でもない。一番大きなみじめさは、「比較」から来る。

比較とは、人間がする一番愚かな選択である。

私はとても格好が悪い、とても太っている、とても背が低い、頭が悪い、良い大学を出ていない、家の暮らし向きが良くなかった、お金を持っていない……。

これらはすべて、人と比較して人生を見ることで自分を卑下することばである。自分にあるものを見ずに、他人と比較することにすべての関心を注いでいるのだ。

このような比較意識にとらわれたら、神様のみことばを思い出す必要がある。

「あなたは、わたしの愛する子どもであり、わたしが造った最高傑作品だ」

周りの愛する人に、このことばを伝えてみてはどうだろう。

「あなたは、少なくとも私には、この世で最高の人だよ。あなたはとても素敵な人だ。私はあなた一人で十分だ」

三番目に、感謝できない理由は「心配」である。

人が心配する内容のうちの九十パーセントは、すでに過ぎてしまった過去や、まだ起きていない未来に関することだという。わずか十パーセントのみが、現在に関することである。

だからこそ、神様はこのように言われたのだ。

「だから、あすのための心配は無用です。あすのことはあすが心配します。労苦はその日その日に、十分あります」（マタイ六・三四）

この聖書のことばは、未来のことを前もって心配するなということである。

ある日、娘がひときわ競争率の高い外国語高校の入試を受けたが、うまくできなかったと、心配そうな顔つきで帰ってきた。受験生六名が一組となって面接をしたのだが、他の受験生たちと比べて、それほどうまくできなかったと言うのだ。

今まで勉強はできる方だと思っていたのに、面接を受けてみると、自分よりできない人はいないと感じたと言った。くやし涙を流す娘を座らせ、真剣に話をした。

「ハヨン。面接で落ちても神様のみこころだ。祈る心で結果を受け止めよう」

娘は、少し心が落ち着いたのか、けなげにもこう言って私を安心させてくれた。

「お父さん。もし落ちても感謝できるような気がします。ゆだねて待つことにします」

何日か後、心の準備をしっかりしていたが、感謝なことに合格者リストに娘の名前が入っていた。ところが、飛び上がって喜んで感激していたのもつかの間、娘は数日後、再びため息をついて心配を始めた。

「秀才たちが集まる外国語高校に行ったら、勉強のできる人たちばかりでしょう。ついて行けるかな」

「ハヨン。今から心配しないで神様に任せなさい。聖書は、何も思い煩わないで、まず感謝をささげなさいと言っているだろう。心配事も神様に任せるなら、すべて責任を負ってくださると約束してくださっている。それにお母さんもお父さんも、お前が今まで通り誠実なら、どの学校に行っても満足だよ」

ようやく娘の顔色が明るくなり、こう言った。

「お父さん。やってみる前に心配なんかしてごめんなさい。次からは、心配事ができたら神様に全部任せて、私は心を楽にして勉強するわ」

人生の中で、心配事があるたびに心の重荷を神様に任せるのは、思ったほど簡単なことではない。しかし聖書は、私たちに「心配するな」と教えている。

心に心配が忍び込み頭をもたげるとき、私たちは感謝をもって願わなければならない。

「……あらゆるばあいに、感謝をもってささげる祈りと願いによって、あなたがたの願い事を神に知っていただきなさい」（ピリピ四・六）

心配が心と霊を萎縮させて不安な状態に陥れるとするなら、感謝は心と霊に楽しみと喜びをあふれさせるものである。

感謝をもってささげる祈りとは、過去に受けた恵みと、現在与えられているすべての祝福、さらには現在のつらい状況まで、すべてが益となることを見越して、未来まで先取りして感謝することである。新鮮な風が空にある黒い雲をきれいに吹き飛ばすように、感謝する心は心配の黒い雲を一掃してしまうのだ。

あるもので十分だと考え、他人と比較せず、心配の代わりに感謝をもって願う人の心には、欲望や比較や心配の種が育つことはない。

七番目の感謝

世界で一番美しいことば

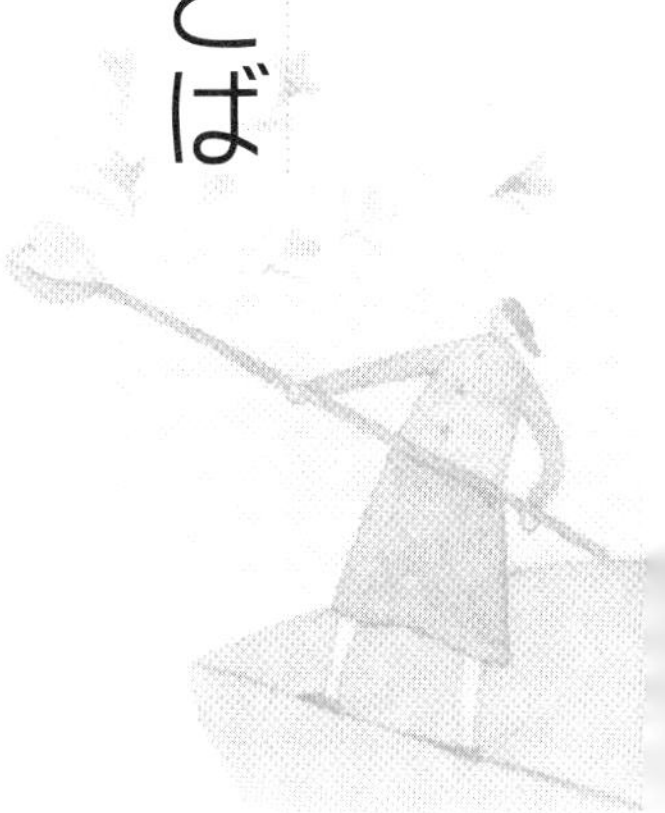

**「歌は、歌うまで歌ではなく、
鐘は、鳴るまで鐘ではなく、
愛は、表現するまで愛ではなく、
祝福は、感謝するまで祝福ではない」**

祝福がたくさん目の前にあるにもかかわらず、感謝できないために祝福を祝福として受け取れないことがどれほど多いだろう。だからこそ、すべてのことを「感謝します」

と告白する人が、幸せに見えるのかも知れない。

ブラジル人は「オブリガード（ありがとう）」ということばをたくさん口にする。家庭や会社で、暇さえあれば「オブリガード」と言っている。日常生活で一番多く使われる単語がオブリガードだ。どんなにことば数が少ない人でも、一日に平均十回以上はオブリガードと言うそうだ。

アメリカ人も、やはり一番多く使うことばは「サンキュー」だ。

老若男女を問わず、生活の中の小さなことにも「サンキュー」と言う。アメリカで一番多く使う単語五十個を選んだのだが、その中でも「サンキュー」は二十八パーセントを占め、最もよく使う単語として選ばれたという。感謝が体に染みついているのかもしれない。

成人になると、平均二万六千個の単語を知るようになると言われているが、その中で、他人を一番喜ばせることばは「ありがとう」だ。

もちろん、神様を一番喜ばせることばも「ありがとう」である。ユダヤ人の格言には、「『ありがとう』ということばが口から出るまで、子どもにほかのことばを教えるな」

というものもある。

残念なことに、私たちは感謝することにケチな場合が多い。形式的な感謝はしても、本当の感謝を探すのは簡単ではない。銀行やガソリンスタンド、デパート、公共機関などで「ありがとうございます」ということばをよく使うが、実際のところ、感謝を叫んでいるこの人たちが、自分の両親や子ども、兄弟姉妹、配偶者にどれだけ感謝を表現しているか気になるところだ。

最近では通りや電車、バスの中などで、下品なことばが簡単に使われているのを聞くと、心苦しいのを通り越して困惑してしまう。聖書は、私たちにこのような悪いことばを使わず、感謝のことばを使うよう命じている。

「みだらなことや、愚かな話や、下品な冗談を避けなさい。そのようなことは良くないことです。むしろ感謝しなさい」（エペソ五・四）

同じ口から出ることばでも、あることばはバラのような香りを放ち、あることばはとげのように相手を刺して、傷を負わせる。

私たちは、他人のことばには簡単に腹を立てて傷を受けるのに、自分が使うことばには気を遣わない。自分が発することばによって、相手が深い傷を負い、うめいていたとしてもだ。

しかし他人を傷つけるとげのようなことばは、いつか自分にも返ってくるものだ。カイコが、自分の口から出る糸で家を作って生きるように、人も自分の口から出ることばで自分の人生を作り上げているのだ。フローレンス・スコヴェル・シンという人は、次のように言った。

「他人に与えるものは、必ずいつか戻ってくる。人生はブーメランだ。私たちの考え、ことば、行動は、いつになるかは分からないが、必ず返ってくる。そしてそれらは、不思議なことに自分自身に命中する」

不平のことばも、感謝のことばも、いつかは山びことなり、自分の人生に戻ってくる。

それが人生の法則だ。聖書も、人生は自分のことば通りになると言っている。

「あなたは彼らに言え。これは主の御告げである。わたしは生きている。わたしは必ずあなたがたに、わたしの耳に告げたそのとおりをしよう」（民数記一四・二八）

神様は、私たちが語る通り、神様の耳に聞こえる通りに、その人の人生がなるようにされるお方である。

神様が下さると約束されたカナンの地について否定的な報告をした十名の偵察隊とイスラエルの民は、その地に入ることができなかった。自分たちが言った通り、荒野でいなごのように、あちこちを飛んでさまよい、人生をみじめに終えたのだ。

しかしカレブとヨシュアの報告は違った。カナンの地が乳と蜜の流れる祝福の地であり、その地を治めることができると言った通り、カナンの地を治める祝福を受けたのだ。

ことばは種となり、人格となり、その人の人生となる。ことば通りになるのが人生である。たった一言が人生に希望を与え、人生の目的を変えることもあれば、絶望させ、人生をあきらめさせることもあるのだ。ことばの力は実に驚くべきものだ。

以前ベストセラーになった『水は答えを知っている』（江本勝著）という本は、ことばの重要性とその素晴らしい力についての話である。

私たちが語る一言が、人間だけではなく、水にも非常に大きな影響を与えるという興味深い実験結果である。コップ一杯の水を前に、それに向かって感謝と愛を表現すると、水は一番美しい結晶、すなわち完全な六角形を作るということだ。そしてその水を飲むと、私たちの体に免疫力がつき、さらに健康になるという。

しかし水一杯にイライラをぶつけ悪口を言うと、水の結晶は粉々に崩れ、人体に害を与えるそうだ。

さらに驚くべきことに、さまざまな言語でサタンという文字を水の入ったコップの上に乗せておくと、水の六角形がすべて崩れ、水の結晶に穴ができたという。ところが反対に「愛している」「ありがとう」という文字を置くと、水は完全に六角形に変わったそうだ。

愛と感謝を表現したとき、水は気高い品位を増し、ダイヤモンドのように輝かしい光を放ったのだ。

興味深いことに、感謝と愛の中で、どちらがより完全な六角形を作るか実験をしてみたが、感謝の結晶が愛の結晶より、力と影響力の面で二倍も強かったという。

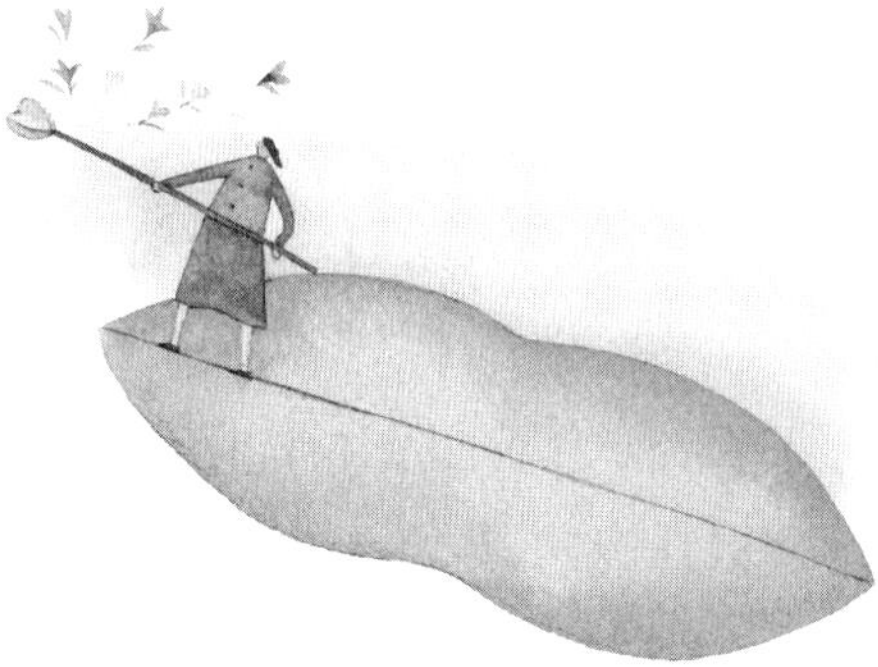

このように、愛よりも強い力を見せる「感謝」のエネルギーは、私たちの体と心を美しい六角形の結晶体に作り上げる。

つまり感謝のことばは、私たちの体を健康にするだけでなく、幸せな人生へと導いてくれるのだ。

「ありがとう」という温かいことばが相手の閉じた心を開き、荒れた人間関係を和らげる潤滑油の役割を果たす。

「ありがとう」と毎日口で告白する人の心には、喜びと楽しみがあふれ、余裕のある人生、さらに感謝する人生を送るようになる。

感謝のことばが、あなたの人生を治めることを願う。神様があなたの感謝を聞いて、神様の耳に聞こえる通り、感謝があふれる人生にしてくださるだろう。

「ありがとう」と思いながら
それを表現しないことは
贈り物を包んで
プレゼントしないことと同じ。

夏 Summer

感謝は
熱い太陽の日差しの中を吹き抜ける
さわやかな風のようなもの

八番目の感謝

痛みのプレゼント

今考えると、とても恥ずかしいのだが、若い頃死の恐怖に襲われたことがある。

話は中学二年生の頃にさかのぼる。夏休みになると、隣の家の友人と朝早く田舎の川へ行き、金魚鉢にえさを入れ、砂利や砂がある水の中に金魚鉢を置いて淡水魚のオイカワを捕まえたりした。

魚が捕まるのを待っている間、友人とジャガイモやとうもろこしを食べながら話をすることが、当時は最高の幸せであり、楽しみでもあった。

魚を捕まえた後は、新鮮な刺身を酢味噌につけてその場で食べたり、ひりひりする

ほど辛いメウンタン（訳注・魚、または魚のあらでダシをとった辛い鍋料理）を作っておいしく食べたりした。今考えても、おなかが空いてくる懐かしの味だ。田舎の生活ならではの楽しみ方だった。

魚をたくさん捕まえた日は、その魚を干して塩漬けにして、小麦粉で練った衣をつけて天ぷらを作り、おいしく食べた。みんな貧しい時代ではあったが、その中でもとりわけ貧しかった少年時代、三度の食事以外の間食などなかったので、魚の天ぷらはことのほかおいしかった。

夏休みが終わって新学期が始まり、学校で寄生虫検査が行われた。

検査の結果、私と隣の家の友人が、二人とも肝吸虫症（肝ジストマ症）に感染していることが分かった。天地がひっくり返り、目の前が真っ暗になった。肝吸虫症にかかったら、長い間苦しみながら死んでいくと聞いていたからである。

その頃田舎には治療できるる病院もなく、たとえ病院に行ったとしても、手術をするお金などなかった。学校で必要な学用品一つ買うことも難しく、遠足のときものり巻きを作ってもらえず、ただの白いご飯を食べなければならなかったのに、病院の治療費を期待することなどできなかった。

自分の家の暮らし向きを十分知っていた私は、オイカワを食べて肝吸虫症にかかったと両親に話すことは、どうしてもできなかった。

一日一日を不安と焦り、憂いと心配の中で過ごした。真っ暗な夜には、死に対する恐れと恐怖が私を押しつぶした。友人はすでに体に異常が表れ、病院の治療を受けていた。幸いにも私にはひどい症状は表れていなかった。しかし同じ魚を食べ、同じ病気に感染したという知らせを受けていたのだから、不安になるのは当然だった。

誰にも打ち明けることができないまま、一人で苦しむ日々がどのくらい過ぎただろう。友人の病状は日に日に悪化し、顔は青白くなっていき体もやせていった。学校を休むことも増えてきた。

私は友人より健康な方だから、少し後に症状が出るのだろうかと、毎日どきどきしていた。体が少し痛んだだけで、このままだと死んでしまうのではないかという不吉な考えが私を苦しめた。友人は治療のためにソウルの病院に行き、学校生活を断念せざるを得なくなった。

そうして一年が過ぎたが、私には何の症状も出なかった。ある晩遅く、自分の運命を嘆きながら夜道を歩いているとき、教会の前を通りかかった。そのとき、私の頭の中に、ふとこのような考えがよぎった。

「信じてみようか。信じたら、この問題が解決するかもしれない」

わらをもつかむ思いで、教会の門をそっと開けた。誰もいない教会の中は静かだった。

十字架の前にひざまずいて祈ると、たとえ死んだとしても平安な死を迎えられる気がした。

それでも、私の口から出た最初のことばは**「神様、助けてください！」**だった。神様がどんなお方かも知らなかったが、助けてくださいと切に願った。そのときから、放課後に教会の前を通りすぎることはせず、礼拝堂の中に入って一生懸命祈った。助けてくださるなら、これからは自分のために生きるのではなく、神様のために人生をささげるという約束もした。

こうして月日が流れ、肝吸虫症にかかった友人は、病を抱えて十年以上も苦しみ、結局、回復の兆しが見られないまま、残念なことに若くしてこの世を去った。そして私は生かされ、このように神様の働きをさせていただいている。

過ぎ去った日々をふり返ると、感謝することでいっぱいだ。しかし若い頃の私は、死に対する恐れにとらわれ、人生に感謝できず震えてばかりいた。だが感謝なことに、病気と死に対する恐れが私を信仰に導いたのだ。

また、病魔と闘いながら感謝の生活を送る信仰の先輩たちの人生を通し、痛みの中にいるときに、感謝をもって神様に近づいていく真理を学んだ。

何年か前にこの世を去ったイ・ジュンピョ牧師の人生も、やはり私に多くのチャレンジと悟りを与えてくれた。

イ・ジュンピョ牧師は、「イエス様に本当に従おうとするなら、まず自分が徹底的に死ななければならない。私がキリストとともに死ねば、キリストとともに生きる」という「死ぬ信仰」を主張していた方だった。

この世を去る前、この先生は、死ぬ信仰の通りに生きるため、「コジ（巨智）宣言」をした。

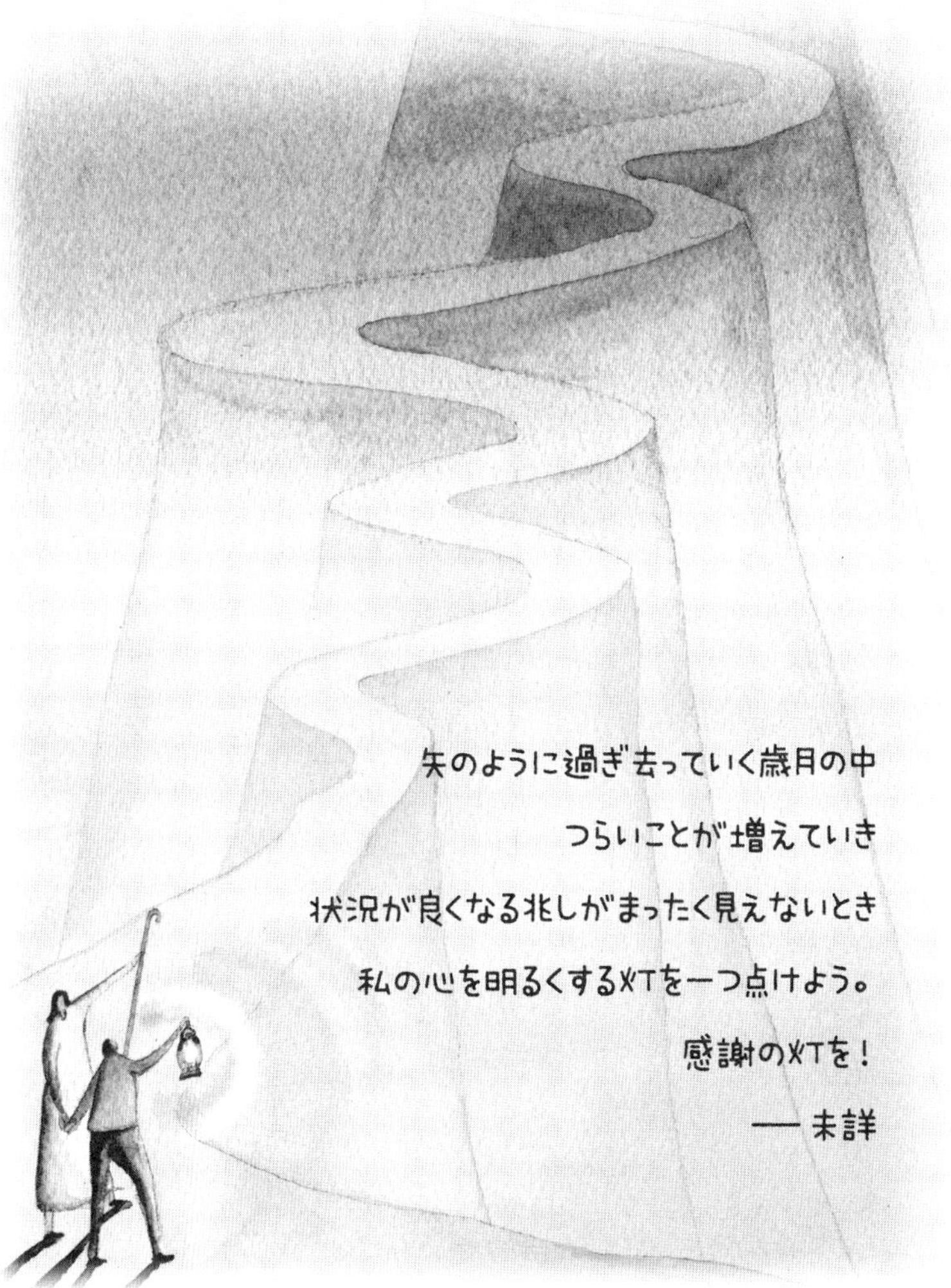

矢のように過ぎ去っていく歳月の中
つらいことが増えていき
状況が良くなる兆しがまったく見えないとき
私の心を明るくする灯を一つ点けよう。
感謝の灯を！
―― 未詳

これは漢文で「大きな悟り」という意味だが、ことばの通り乞食（韓国語でコジ）のように生きるという意味も込められている。

このことば通りに生きるためには、自分の人生を完全に明け渡さなければならなかった。息子の留学費用を教会の助けなしに工面するため、生涯お金に苦労した。

しかしわずかに手元に残った貴重な通帳さえ、後に感謝献金としてささげた。彼は通帳をそっくり献金した後、とても感謝して手をたたいて次のように言った。

「生涯、牧師として生きながら、このように一年に一億ウォン以上をささげることができる日が来て感謝します」

明け渡したのは、これだけではなかった。病気と闘っていた師は、たんすの扉を開いて、神様が二枚の上着を持ってはならないと言われたことばを黙想し、服をすべて整理した。

「病気にかかったからこそ悟ったことですが、やはり感謝しなければならないでしょう」

この世を去る瞬間まで、病がもたらす苦痛までをも「感謝を悟らせてくれた贈りもの」だと感謝のリストに入れていた先生の感謝の告白は、私たちを気恥ずかしい思いにさせる。

私たちは、人生で経験する多くの痛みを、不平の道具程度に考えがちだ。具合が悪くて病院に入院している間は、いらいらして不平を言っても大丈夫だと考える。

このような苦痛の月日が、自分を成熟させる機会だと感謝することは、知恵深い人たちだけに与えられた特権なのかもしれない。

信仰の先輩たちの人生を通して、肉体的な病や人生の失敗は、決して不幸や絶望だけではないことを学ぶことができる。

むしろ苦痛の長いトンネルを抜け出たとき、彼らの苦痛は鍛錬を、鍛錬は忍耐を、忍耐は愛と感謝を生み出し、後世に模範となったのだ。痛みと苦痛の月日は、失うものより、ずっと多くのものを得させてくれる。

　若くして『キリスト教綱要』を記し、世を驚かせたジョン・カルヴァンも、歩く総合病院だった。およそ二十五種類の病気を持っていた彼は、体が痛くて夜も眠れなかった。眠れないので祈るしかなく、祈るとインスピレーションをいただき、深い霊性の本を書くことができたのだ。

　病は、私たちに苦難を通して謙遜と感謝を学ぶ機会を与えてくれる。苦痛の中で、もがき苦しんだ人は、いのちの大切さをさらに切実に悟り、より感謝に敏感な人になる。しかしこれを悟るのもまた、神様の恵みなのだ。

　ニューヨークのブルックリン教会を担当していたエバンズ牧師は、二十四カ月の間結腸がんと闘い、この世を去った。彼が残した闘病信条四項目は、私たちが苦痛の中にいるとき、どのような姿勢で心を治めなければならないかを教えてくれる。

一　私は決して不平を言わない。
二　私は家の雰囲気を明るく保つ。

三　私が受けた祝福を数えて感謝する。
四　私は病を有意義なことに変える。

不治の病から回復することは、この上もない感謝である。しかし大きな病にかからず、健康に生きることもまた、とても感謝なことだ。しかし病の苦痛の中にいるときでも、神様の恵みを味わい、常に感謝しなければならない。また、病にかかっていない今、こうして健康な人生を送れている奇跡を感謝することが、本当に知恵深い人のすることである。

いずれにせよ私たちの人生には、平地だけが用意されているのではない。上り坂と下り坂が続く、でこぼこ道を旅するのだ。病の苦痛を抱いて下り坂を駆け下りるとき、神様とともに感謝してその道を楽しむことができるなら、神様は上り坂の喜びも味わわせてくださるだろう。

九番目の感謝

二つの村の話

昔、二つの村があった。一つの村は「感謝村」で、もう一つは「不平村」といった。

不平村の人たちは、一年中、何についても不平と不満ばかり言っていた。

春は黄砂でほこりが多いと不平を言い、夏は暑くて蚊が多いと文句を言い、秋には木の葉がたくさん落ちると不平を言い、冬には雪がたくさん降って寒いと不満を言っていた。

何か良いことが起きても、もしかしたら悪いことがあるかもしれないという疑いと心配で感謝ができず、いつも不平の中で人生を送っていた。

一方、感謝村に住む人たちは、それとは反対にどんなことにでも感謝した。苦労しても感謝し、試練に遭っても感謝した。春には花の香りを感謝し、夏には涼しい木陰を感謝し、秋には食べごろに熟れた実を感謝し、冬には木の枝に白く積もる雪の花を感謝した。

ある日、不平村の人が感謝村に遊びに行き、人々が口を開きさえすれば感謝するのを聞いてとても驚いた。そこで少し感謝を学び、少しだけ感謝を真似して夜遅く家に着いた。彼は家に着くなり、家族にこう言った。

「おい。感謝村に行ったが、大したものもなかったから、無駄に感謝だけ嫌になるほどしてきたよ」

不平も習慣である。不平を言う人は、常に不平を言う。

否定的な人の目には、バラのとげしか見えない。不平を言う人は、不平が人格そのものなのである。

そのような人は、不平の目を持っているので、見るものすべてが不平の条件として見え、口を開けば不満がこぼれ出る。問題は、本人だけが不平の人生を送るのではなく、周りの人の人生も不平の人生にしてしまうということだ。

しかし反対に、感謝する習慣を持って生きると、感謝が人格そのものになり、だんだんと感謝の目を持つことができるようになる。

そうなると、見るものすべてが感謝の条件になり、口を開けば、泉が湧き出るように感謝があふれてくる。そのような人は、一生を感謝の中で生きるようになる。寝ても覚めても、立つにも座るにも感謝があるのみだ。

感謝は幸せになるための習慣を作り、不平は不幸になるための習慣を作るのだ。

ある日、ノーマン・ヴィンセント・ピール博士が列車に乗って旅行をしていた。向かいに一組の中年夫婦が座っていたのだが、その夫人はずっとぶつぶつ不満をつぶやいていた。座席が座りづらい、シートが汚い、掃除も良くしていないせいか匂いがひどい、さらには乗務員も不親切だと不平を言っていた。

このとき、夫人の不平を聞いていたご主人が、ピール博士に挨拶し自己紹介をした。

「こんにちは。私は弁護士で、妻は製造業をしています」

ピール博士は尋ねた。

「奥様は、どんな種類の製造業をしているのですか」

すると、ご主人は笑いながら答えた。

「常に不平を作る製造業です」


「私は、毎日さまざまな不平を製造していないだろうか？」

考えてみよう。不平を大量に作り出す人が、どうして幸せでいられるだろうか。

少し大変で難しいだけでも不平を言い、つらいと文句を言うなら、神様は喜ばれるだろうか。感謝する姿勢は、私たちの人生を幸せにするが、不平を言う姿勢はすべてをだめにしてしまうのだ。

私たちは、聖書に登場する、不平を言い続けたイスラエルの民の愚かさを通しても、これを悟ることができる。

イスラエルの民は、エジプトの地で、みじめな奴隷生活を送っていた。奴隷は、家畜と同じような扱いを受ける。そのような彼らを神様はあわれみ、自由の身分に解放してくださったのだ。

これは、どれほど感謝すべきことだろうか。しかし彼らは、紅海を渡るときに感謝しただけで、カナンの地に向かう間はずっと、荒野で不平不満を言っていた。

荒野で神様が下さったマナを食べたときは、「蜜を入れたせんべいのようなものであった」（出エジプト一六・三一）と感謝しているのに、後になって、つらい荒野生活に疲れると、同じマナを食べて「おいしいクリームの味のようであった」（民数記一一・八）にもかかわらず不平を言った。

彼らは道が平らでないと不平を言い、肉がないとつぶやき、指導者が気に入らないと不平を言い、さらには体にいい食べものがないので力が出ないと不平を言った。一

言で言えば、彼らの生活は不平製造業者の人生だったのだ。

彼らは、荒野で不平や文句を言いながら不幸になる習慣を作り、結局、夢に描いたカナンの地を一歩も踏むことができないまま、不幸な人生を終えたのだ。

つまるところ、不平の人生を生きるか感謝の人生を生きるかは、私たちの選択にかかっている。

これだけははっきりしている。感謝は神様を喜ばせるが、不平はサタンを喜ばせる。サタンは毎日、私たちの耳に、こうささやく。「いつも落ち込んでなさい。絶えず恨みなさい。すべてのことについて不平を言いなさい。これが、サタンがあなたがたに望んでいることです」

感謝は神様のみこころであり、不平はサタンの思いである。そして、感謝を選ぶのも不平を選ぶのも、私たちの自由である。しかし、その結果は全く異なる。同じ環境にあっても、感謝しようと決めた人の人生は豊かで幸せだ。反対に、不平を言うことに決めた人の人生は、つらく不幸である。感謝は私たちの顔つきを穏やかにするが、不平は私たちの顔色を暗くする。

だとすると結論は明らかではないだろうか。神様を信じる子どもなら、不平製造業者ではなく、感謝製造業者にならなくてはならない。私たちの人生工場が、不平でなく感謝を作り出すならば、いつも喜びと祝福があふれることだろう。

十番目の感謝

生きていることに感謝せよ

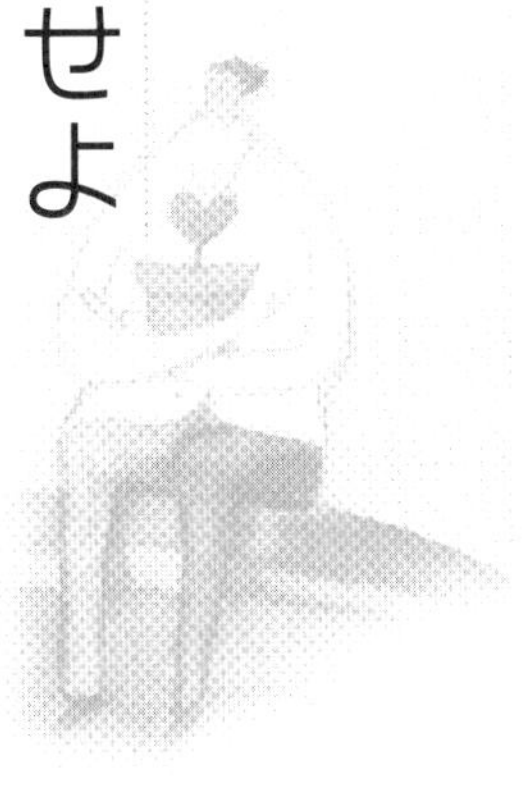

アメリカで牧師をしていたときのことである。ある日、四十代くらいの男性信徒が入院したので、すぐに訪問してほしいと伝道師から電話があった。話を聞くと、ひどい事故に遭い、意識不明の状態だということだ。私は慌てて病院に駆けつけた。

彼の状態は、見るからに深刻だった。全身傷だらけで大部分が包帯で覆われ、顔もほとんど見えなかった。彼は黒人たちが居住する地域で雑貨店をしていたのだが、突然怪しい男たちの襲撃を受け、首と腹部に銃弾を受けたのだった。一命は取り留めたが、これからどうなるか分からない状態だった。

人工呼吸器をつけ、生死の境をさまよって横たわっている彼に近づいて、私は切に祈った。

「神様、助けてください。この方を必ず救ってください」

ただ、助けてくださいと神様にすがることしか、私にできることはなかった。

十日ほど過ぎた頃のことだ。彼の状態が気になった私は、再び病院を訪ねた。すると、彼の意識が戻っているではないか。人工呼吸器は外され、病室も集中治療室から一般病棟に移されていた。

病室に入った私を見ると、彼は明るい笑顔で迎えてくれた。近寄って、片手で彼の手を握り、片手を彼の頭に置いて祈りをささげた。祈っている間、彼は私の祈りに反応しているかのように、だんだんと私の手を強く握りしめ、声もなく涙を流した。

そして祈りが終わると、「感謝します」と何度もくり返した。

「牧師先生！　ありがとうございます。神様が助けてくださいました。感謝します。生きているということが、こんなに感謝で幸せなことだとは知りませんでした。牧師先生。本当にありがとうございます」

彼は悪夢のような瞬間を思い出しつつ、生死の境で経験したことを話してくれた。

「銃を持った黒人が二人、店の中に押し入ってきて金を出せと大声で叫んだのです。でも、お金はないと言いました。するとその直後、バン、バン、バンと銃声がして、私は意識を失ったのです。

しばらくして気がつくと、私は病院の手術台の上におり、意識はもうろうとしていました。医者たちは緊迫した様子で動き回り、手術用のメスやはさみのカタカタという音が聞こえたかと思うと、誰かが私に麻酔を打ったようで、徐々に意識を失っていきました。

明るい蛍光灯の光の中で、私の周りをぐるぐる回っていた一人の医者が、私の状態を見て話している声が、かすかに聞こえました。

『どう見ても、この人は難しいな……』

医者のことばが、ＩＣＵで横たわっている私の耳に、黄泉の使者のことばのように聞こえました。この一言に、私は死の世界に引きずり込まれるような絶望を感じました。『このまま死んでしまうのだろうな。このまま逝くことはできないんだが……』

こうして麻酔のためにに意識がなくなっていったのです。

少しして、再び声が聞こえ始めました。ちょうど麻酔から覚めてきたようでした。一人の医者が、こう言っていました。

『いや！　この人は助かるよ……意識が戻っている……』

この医者の声は、まさに天使の声のようでした」

彼は、息をすることができ、目を開いてこの世界を見ることができ、生きて家族に会えるようになったことを、生まれて初めて感謝したと告白した。

それからちょうど二カ月後に彼は元気な姿で退院し、家族と一緒に教会に来たが、感謝献金の封筒には、こう書かれていた。

「生かしてくださったことを感謝します。神様！」

一度でも、自分が息をし、体を動かすことができ、話すことができることに感謝したことがあるだろうか。普段は当然のことのように思っているが、大事故やひどい苦痛を体験すると、日常の健康に対する感謝が自然に湧き上がってくる。

アメリカ、テキサス州のジャックリン・サブリードという女性は、生死をさまよったが奇跡的に助かり、感謝の人生を生きる人の模範となった。

これはテキサス州の「飲酒運転防止運動本部」が制作した動画で、本来は飲酒運転に対する警告の意味を込めたものだった。ジャックリンの素晴らしい感謝の人生に、多くのインターネットユーザーが涙を流した。

ジャックリンは二十歳の美しい大学生だったが、誕生日パーティーを終え、友人たちと車で帰る途中、酒に酔ったある一人の若い運転手によって、ひどい大事故に遭った。

友人二人は事故の現場で即死し、ジャックリンは全身の六十パーセントにひどいやけどを負った。十年に一度あるかないかというほどの致命的なやけどで、医者たちも助かる望みはないと首を振ったが、彼女は四十回を越す手術を受け、九死に一生を得た。

幸い助かりはしたが、両手の指はすべて切断し、髪の毛、耳、鼻、眉など、顔の大部分は、原形をとどめないほどゆがみ、以前の美しい顔はどこにもなかった。

それでも彼女は感謝した。

「事故の後、一カ月以上ＩＣＵで、人工呼吸器をつけていました。ある日、お医者さんが近寄ってきて、息苦しい人工呼吸器を外してくれました。そのとき、どれほど楽になったか分かりません。思いっきり息を吸って吐きながら、私が生きているという事実に『大きな感謝』を感じたのです」

治療の過程は、暗く長いトンネルのようだった。死ぬよりもつらい治療を数年間受け、大変なことは一度や二度ではなかった。

顔は完全にゆがみ、他の人たちはもちろん家族も、いや、本人さえでも見分けがつかないほどだった。指のない手では字を書くこともできず、ごはんを食べることも顔

生きているって、どれほど感謝なことだろう。

すべてのことは、考え方次第。

満足することを知るなら

幸せは、まちがいなく私のもの。

を洗うこともできなかった。髪の毛のない頭は怪物のようで、雨が降れば眉のない目には雨のしずくがそのまま目に入り、少ししか残っていない耳たぶは、頭を洗ってもらうたびに、耳の中に入ってくる水を防いではくれなかった。

数年間にわたる、ことばで言い表せないほどの肉体的、精神的苦痛を経験して、彼女は自分の外見をいとおしく思うようになってきた。彼女は、過去の美しかったジャックリンの顔も好きだったが、現在の、ゆがんだジャックリンの顔も好きだと言った。彼女が、自分の醜い容姿を神様の贈りものとして受け入れることができるようになったのは、すべてのことについて感謝しなさいという、神様の命令に信頼する心を持っていたからだった。

「私は感謝を知らない人だった。いつもひねくれた目で不満なことはないかと探し、ぶすっとした態度で、すべてのことを見ていた。

なぜ私の髪のつやは、もっと美しくならないのかしら？

なぜ私の肌は、もう少しきれいでないのかしら？
なぜ私の目は、もう少し大きくないのかしら？
なぜ私の鼻は、もう少し高くないのかしら？
なぜ私の背は、もう少し高くないのかしら？
なぜ私の体は、もう少しやせていないのかしら？

私がもう少しきれいで見た目が良ければ、友だちにもっと人気があり、格好が良くて素敵な男性とつき合うこともできたのに。

素敵で格好がいいから友だちに好かれるというわけでもないのに、私はそんな愚かな考えで自分をいじめて、一分一秒も惜しいはずの人生を浪費してしまった。

なぜ分からなかったのか。愛し、いつくしみ、大切に思ってこそ、ようやく本当の美しさを手に入れることができるということを。手遅れになる前に悟ることができて、本当に感謝している。

私は自分自身を愛している。私として生きる、私の人生を愛している」

ジャックリンは自分の傷跡を見て「神の愛の痕跡《こんせき》」と言えるほど、自分の外見を愛するようになった。

彼女は、自分の目の前に広がる絶望的な状況も、感謝を持って受け入れている。自分に被害を与えた加害者を心から赦し、苦痛の中でも勇気を忘れなかった。

刑務所に収監されている加害者の代わりに、彼の母親がテレビに出て「死に値する罪を犯して、心から申し訳なく思う」と謝罪したとき、ジャックリンは何の恨みもなく、その母親を抱きしめてむしろ次のように慰めた。

「私は大丈夫です。心配しないでください。これからはお母さんも楽な心で、残りの人生を感謝しながら生きてください」

生きていることより大きな感謝があるだろうか。

毎朝目を覚ますことを私たちは当然のように思っている。しかし今日の朝、目を覚まさずにこの世を去った人が、どれほどたくさんいることだろう。

一度でも自分が息をし、歩き、走り、話せることに感謝したことがあるだろうか。
今日、生きていることを感謝しただろうか。
生きていることは奇跡である。そして奇跡は、感謝に値するのではないだろうか。

十一番目の感謝

とげの感謝

聖書に出てくる人物の中で、使徒パウロほどキリスト教宣教のために多くの苦難を受けた人がいるだろうか。

彼は自分の苦難について、コリント教会の人たちに次のように言っている。

「……牢に入れられたことも多く、また、むち打たれたことは数えきれず、死に直面したこともしばしばでした。ユダヤ人から三十九のむちを受けたことが五度、むちで打たれたことが三度、石で打たれたことが一度、難船したことが三度

あり、一昼夜、海上を漂ったこともあります。幾度も旅をし、川の難、盗賊の難、同国民から受ける難、異邦人から受ける難、都市の難、荒野の難、海上の難、にせ兄弟の難に会い、労し苦しみ、たびたび眠られぬ夜を過ごし、飢え渇き、しばしば食べ物もなく、寒さに凍え、裸でいたこともありました」

（二コリント一一・二三〜二七）

パウロは、アジヤで受けた苦難が非常に耐え難いものだったため、生きる望みさえなくなって、まるで心に死刑宣告を受けたようだったと告白している。

しかし苦しい状況に負けることなく、彼が口を開くたびに強調したことばは「感謝」だった。パウロは自分のすべての手紙で、すべてのことについて感謝することを、くり返し強調している。

「神が造られた物はみな良い物で、感謝して受けるとき、捨てるべき物は何一つありません」（一テモテ四・四）

「何も思い煩わないで、あらゆるばあいに、感謝をもってささげる祈りと願いによって、あなたがたの願い事を神に知っていただきなさい」（ピリピ四・六）

「絶えず祈りなさい。すべての事について、感謝しなさい。これが、キリスト・イエスにあって神があなたがたに望んでおられることです」

（一テサロニケ五・一七～一八）

「私を強くしてくださる私たちの主キリスト・イエスに感謝をささげています。なぜなら、キリストは、私をこの務めに任命して、私を忠実な者と認めてくださったからです」（一テモテ一・一二）

また、パウロは私たちに「絶えず神に感謝し」（一テサロニケ二・一三）、「すべてのことについて、神に感謝しなさい」（エペソ五・二〇）、「感謝の心を持つ人になりなさい」（コロサイ三・一五）とチャレンジを与えている。

自分は牢獄の中にいながら牢の外にいる人々に、また自分は何も持っていないが、豊かな生活をしている人に、自分は肉体的に病気で苦しんでいるが健康な人たちに、感謝しなさい、感謝しなさい、感謝しなさいと勧めているのだ。

使徒パウロの感謝を一言で表すなら、「とげの感謝」と言うことができるだろう。彼は病を持ち、それを肉体の「とげ」と呼んでいた。肉体の「とげ」のため、彼はいつも苦しんでいた。

彼をそれほどまでに悩ませた肉体のとげが何であったのか、正確には分かっていないが、学者たちは眼の病、またはてんかんだったのではないかと推測している。ダマスコの途上で、日の光よりも強い光を見た後遺症で眼を患ったと主張する人たちは、これを裏づける証拠として、彼が聖書の書簡を記録するときに、多くの場合、代筆を頼んでいたことや、「あなたがたは、もしできれば自分の目をえぐり出して私に与えたいとさえ思ったではありませんか」（ガラテヤ四・一五）という、ガラテヤ教会の信徒たちに送った手紙を例に挙げている。

しかし、とげがてんかんであったと主張する人たちもいる。それを裏づけるのは、「私の肉体には、あなたがたにとって試練となるものがあったのに、あなたがたは軽蔑したり、きらったりしないで……」（ガラテヤ四・一四）という聖書の記述である。

いずれにせよパウロは肉体のとげによって多くの苦痛を受け、それが福音を伝えるとき、ばかにされる原因となるのではないかとひどく心配した。そこで彼は神様に、肉体のとげを取り除いてくださいと、三度も強く祈った。

ある牧師が、がんで手術を受けて闘病生活を送っているとき次のように祈った。

「神様。私の痛みはとても大きいので、その痛みが家族たちの痛みとならないよう祈ります。神様。私の痛みはとても長いので、その痛みが教会の暗い雲とならないよう祈ります。神様。私の痛みが目立ちすぎて、世の人たちの嘲笑を受けることがないよう祈ります」

パウロも、神様の前にそう祈った。伝道を妨げる肉体のとげを取り除いてくださいと、くり返し祈ったのだ。

しかし、神様の答えはとげを取り除くことではなく、「わたしの恵みは、あなたに十分である」であった。

彼は神様から、イエスではなく、ノーという祈りの答えをいただいたのだ。


とげとは何だろうか。とげはいのちを危険にさらすものではないが、苦痛を与え、体の中に刺さり、絶えず苦しめるものだ。おそらくパウロは、自分の肉体のとげさえ解決すれば、すべての問題がきれいになくなると考えていたのだろう。

しかし主は、それを許されなかった。それでもパウロは、失望したり落胆したりせず、神様に従い感謝した。主のみこころを完全に理解したため、このような感謝が出てきたのだろう。

自分の思い通りに事が進むときには、誰でも感謝することができる。しかし自分の願い通りに神様が答えてくれないと、不平や恨み言ばかりが出てきて、簡単には感謝できないものだ。だからこそ使徒パウロの感謝と従順の態度を見ると、私たちは自分

ある人はバラを見て

なぜとげがあるのかと不平を言うけれど

ある人はとげの中でも

花が咲いていることを

感謝する。

が恥ずかしくなる。

このように神様を信頼していなければ、決して口から出てこないのが「とげの感謝」である。

バラの花の感謝が子どもの感謝であるとすると、とげの感謝は成熟した人だけがさ さげることのできる、次元の高い感謝であると言える。

十本の指のうち、一本にでもとげが刺さると、そこにすべての神経が行き、他のことを考える余裕がなくなる。

同じように、十の感謝することがあっても、一つ残念なことがあると、感謝できないのが私たちの人生だ。一つのつらいことが、十の感謝を封じ込めてしまうのだ。

だからこそ、十のバラの花の感謝より、一つのとげの感謝は難しく、そして大切な感謝である。バラの花に百回感謝することより、とげのために苦痛を受けているときに一回感謝をささげることを、神はより喜ばれ、祝福してくださる。とげの感謝はクリスチャンの証しであり、福音を伝える力となるからだ。

パウロは、心から自分の肉体のとげを神の恵みだと言っている。なぜパウロは肉体のとげを、恵みだと思うことができたのだろうか。

まず、肉体のとげはパウロを謙遜にさせた。

彼は名門の家柄に生まれ、立派な律法学者ガマリエルの門下生であり、ローマの市民権を持っていた。彼は誰よりも誇れることが多かった。しかしとげがあるために、自分を低くせざるを得なかった。

ローマの市民権を誇ったり、良い家柄で律法学者であると胸を張ろうとするたびに、とげが彼の肉体を刺した。とげは、彼が高慢になれないよう、主が与えた贈りものだった。とげがなかったら、彼は主の前に出てひれ伏すことはなかっただろう。とげが、彼を主の前に押し出したのだ。

神様がとげを与えられたのは、彼が憎いからではなく、彼が神に造られた者としての存在位置を忘れないようにするためだった。主はとげを通して、私たちの人生を作り上げてくださるお方なのだ。

次にパウロは、とげのために、より主に拠り頼むことができた。

彼は、とげがあったためにひれ伏して祈り、その結果神のみこころを見いだした。

「ですから、私は、キリストのために、弱さ、侮辱、苦痛、迫害、困難に甘んじています。なぜなら、私が弱いときにこそ、私は強いからです」

（二コリント一二・一〇）

彼は、自分が弱いときにこそ、神の力が完全に現れることを知った。絶望と挫折の中に希望があり、患難の中に知恵があり、苦難が神のもとへとつながるいのちの道であることを知ったのだ。彼はこのことを悟り、それ以上とげのために不平を言わず、むしろ感謝した。

三つ目に、とげはパウロを、この世の栄光に執着させないようにした。

人がこの地で生きるとき、最も避けなければならないことは、この世に執着して神様から離れてしまうことだ。お金、名誉、権力、快楽に執着して、ついにはお金の奴隷、権力の奴隷、名誉の奴隷、快楽の奴隷となり、神様から離れてしまうのだ。

人間は決して二人の主人に仕えることができないことをはっきりと分からせるため、聖書はこの世のものを愛してはならないと警告している。

パウロは肉体のとげを通して、この世のものをちりあくたと思うことができる、高い次元の信仰の模範となった。

苦痛を与える肉体のとげ、自分を苦しめるとげのような人間関係……。とげは私たちを刺して苦しめる周りのものすべてである。しかしとげのために私たちがひざまずいて感謝することができるなら、それはパウロの告白のように、私たちをさらに成熟した人に作り変える、恵みの贈りものとなるのだ。

十二番目の感謝

清教徒たちの感謝

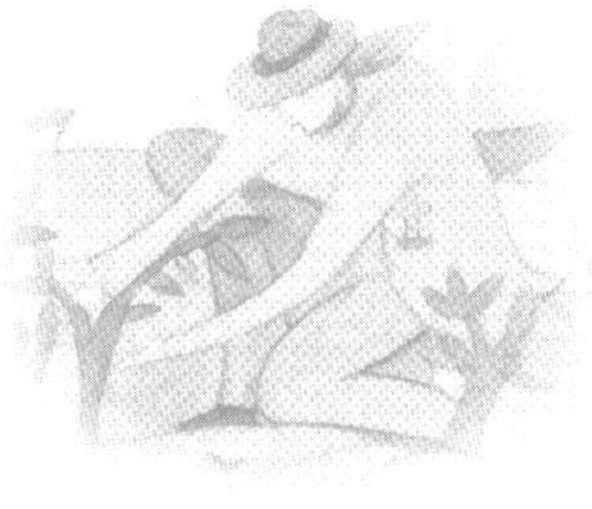

アメリカの開拓史は、清教徒たちの涙の感謝で始まる。

清教徒たちは、まだ航海の技術が発達していなかった一六二〇年に、信仰の自由を求めて、危険を顧みずにメイフラワー号に乗り、新大陸に向かって旅立った。百八〇トンのメイフラワー号は、百四十六名が航海するには小さな船であり、乗船していた人たちは航海の途中、嵐の危険だけでなく極度の飢えと病にも悩まされた。

一六二〇年十二月二十六日、クリスマスの翌日、彼らは百十七日間の険しい航海の末アメリカ東部プリマスに上陸した。彼らは寒さと食糧不足のため栄養失調になっており、伝染病にかかり、春になる前に四十四名が命を失うという痛切な痛みを体験した。

また新大陸の気候状況をよく知らずに麦と小麦を持ってきたため、土壌が合わず、初めての農作業も完全に失敗だった。彼らは食べるものもなく、飢えに苦しめられ、ひどい寒さに苦痛を強いられ、未来に対する恐れと不安に震えた。

彼らができることは、ただ神様にすがり、神様を見上げることだった。

そのとき原住民のインディアンたちが、苦しい状況に置かれている清教徒たちを助けた。インディアンの首長であるサモセットは、何種類かの種を持ってきて、栽培方法も教えた。首長直々の助けによって、彼らはとうもろこし、かぼちゃ、じゃがいもなどを収穫することができた。

こうして清教徒たちは、貴重な収穫を下さった神様に感謝をささげ、インディアンたちを招待して一緒にパーティーをした。じゃがいも、とうもろこし、かぼちゃで作ったパンケーキを焼き、七面鳥の肉を料理して、ともに分け合って食べ、新大陸での最初の感謝祭を行った。これが伝統となり、今日の感謝祭となった。

新大陸に到着して三年が過ぎ、マサチューセッツ州の州知事ウィリアム・ブラッドフォードは、感謝祭を制定して清教徒たちが皆、これを守るように公表した。

「偉大なる神様は今年、豊かな収穫を下さいました。インディアンの助けを受け、とうもろこし、小麦、豆、かぼちゃなど、いろいろな野菜を植えて育ててくださいました。

森で狩猟をし、海では魚と貝類が十分に捕れるよう祝福してくださいました。先住民の襲撃から守り、あらゆる疫病から守ってくださいました。

何よりも私たちは、良心に従って自由に神様に礼拝をささげられるようになりました。

すべての巡礼者たちに宣布します。一六二三年十一月二十九日木曜日、午前九時から十二時まで、大人と子どもたちがともに集まり、牧師の説教を聞き、すべての祝福を下さった全能なる神様に、感謝の礼拝をささげることを宣言します」

こうして感謝祭は、マサチューセッツ州とコネチカット州で年中行事として行われるようになり、次第にアメリカ全域へと広がっていった。そして一七八九年、初代大統領ワシントンが十一月二十六日を感謝祭として宣布し、全国民がその日を守るようになった。

しかし第三代大統領のトーマス・ジェファーソンは、感謝祭が王制時代（アメリカ独立以前）の習慣であるという理由で中止し、その後、五十年以上感謝祭は中断された。これを後にエイブラハム・リンカーン大統領が国の祝日として宣言し、「感謝祭」は再び復活したのである。リンカーンは感謝祭を国の祝日として制定し、次のように宣言した。

「私は、私たちの敬虔な祖先である清教徒たちが、アメリカの地で感謝の種を蒔いた信仰の遺産を、私たちの子孫が継承するよう、この日を国家の祝日として宣言します」

その後、歴代大統領たちが感謝祭に「感謝演説」をすることが伝統になった。

「険しく苦しい時代に、貧しい経済力しか持っていなかった私たちの祖先に比べれば、今の私たちははるかに便利で豊かな時代に生きています。しかし、今日のアメリカの危機は、良いものを下さる神様に感謝しないことにあります」

セオドア・ルーズベルト（二十六代大統領）

「私たちを愛してくださる父なる神の慈しみ深い恵みに対し、献身と奉仕の精神で感謝をささげます」

ウッドロウ・ウィルソン（二十八代大統領）

「この秋の一日を感謝祭と定め、いのちを下さる父な

る神の祝福を感謝することは、私たちアメリカ人の知恵と敬虔を表す伝統です」

フランクリン・ルーズベルト（三十二代大統領）

清教徒たちが初めて感謝の礼拝をささげたとき、彼らはまだ荒れた土地にいた。彼らは豊かな収穫や幸せな環境があったから感謝をしたのではなく、とうもろこしとじゃがいもが何個かあり、それで一日一日を生き延びていたときに神様に感謝したのだ。たくさんあるから感謝したのではなかった。

荒地に種を蒔いたときに実を結ばせてくださった神様、冬のひどい寒さの中で丸太小屋を下さった神様、いのちを脅かす先住民もいたけれど、見知らぬ外国人たちに農作業を教えてくれた親切なインディアンに出会わせてくださった神様に感謝をささげたのだ。

絶望的な環境の中で感謝を見いだしたことが、感謝祭の精神だった。

清教徒たちの感謝の７項目

1．180トンしかない小さな船だが、その船を下さったことに感謝。

2．平均時速２マイルの航海だったが、117日間続けて前進することができて感謝。

3．航海中、２人亡くなったが、１人の赤ちゃんが生まれたことに感謝。

4．嵐で大きな帆が折れてしまったが、破船しなかったことに感謝。

5．女性が何人か大波にさらわれたが、全員救出されたことに感謝。

6．先住民の妨害のために上陸できず、１カ月漂流していたが、ついに好意的な先住民が住んでいる場所に上陸することができて感謝。

7．苦しい３カ月半の航海の途中、ただの１人も引き返そうと言う人がいなかったことに感謝。

十三番目の感謝

感謝が呼ぶ奇跡

アメリカ、オハイオ州シンシナティにある「プロクター・アンド・ギャンブル石鹸《せっけん》会社」（P＆G）の創業者の息子、ハーレー・プロクター社長は、いつも感謝する心で生活していた。彼は誠実なクリスチャンとして、会社が苦しいときも恐れたり不平を言ったりせず、むしろ感謝しつつ、きちんと収入の十分の一を献金していた。

あるとき、職員の失敗で機械の作動時間を誤って設定したため、とんでもない石鹸ができ上がり、会社は莫大な損失を被ることになった。部署の責任者は担当職員をきつく叱責し、この職員は自分の失敗で会社が苦境に陥った責任をとって辞表を提出し

た。

しかし会社が大きな困難に直面している中でも、プロクター社長は憤ったり怒ったりしなかった。冷静に問題を収拾していく過程で、間違って作られた石鹸を分析した結果、彼は特別なことを発見したのだ。それは石鹸が軽くて水に浮くということだった。

プロクター社長に、ふと良いアイデアが浮かんだ。

「石鹸が水に浮いたら、お風呂に入るとき便利じゃないだろうか」

プロクター社長の逆転の発想によって、とんでもないこの石鹸の研究は重ねられ、「アイボリー」という商品として市場に出された。アイボリー石鹸は、発売と同時に爆発的な人気を呼んだ。

その結果、会社は有名になり、世界的な石鹸会社として発展した。常に感謝するプロクター社長は、アイボリーのおかげで富も手に入れた。今日もアイボリーは、世界的に有名な石鹸としてその名声を維持している。

プロクター社長のように、困難と絶体絶命の危機を感謝の心で克服することは、簡単にできることではない。しかしそれを克服するとき、予想もつかない驚くべき奇跡が結果としてやってくる。

二〇世紀最高の物理学者、アルベルト・アインシュタインはこう言った。「人生には二種類ある。一つは奇跡はないと信じる人生、もう一つは、すべてのことが奇跡だと信じる人生だ。そして私が考えている人生は、後者である」

またマイケル・フロストは、「現代人は、日常の中で戦慄を経験するすべを知らない。本当に大切なのは奇跡自体ではなく、奇跡を見る我々の眼である」と言った。

日常の人生そのものが奇跡であることを悟るのは、難しいことではない。病院の救急室や集中治療室に行くと、私たちが当たり前のように感じている日常的なことが、どれほど感謝で奇跡のようなことなのかがよく分かる。

あえてアインシュタインのことばを借りなくても、私たちの周りで起こるすべてのことが奇跡なのだ。私たちを取り巻いている人生の束縛を一皮だけはがし、感謝の目でその内側を眺めるなら、奇跡でないことはないのだ。

もちろん、奇跡の意味は人それぞれ違うだろう。植物状態にある人にとっては、指一本動かすことも奇跡である。重症患者にとっては、自由に息ができることも奇跡だ。食事は言うまでもなく、水が飲めるだけでも奇跡だ。ある人は、砂漠の岩から水が出ることが奇跡だと思うが、砂漠で水を一口飲めるだけでも奇跡である。中風で長い間寝たきりの人にとっては、杖をついて歩けるだけでも奇跡なのだ。

第二次世界大戦の頃の話である。日本の海軍将校であった川上喜一は、終戦後、故国に帰って、目の前に広がる現実にとても驚いた。むごたらしく変わってしまった故国の状況、弱りきった町を見て胸が押しつぶされそうだった。

しかし彼を苦しめたことは、ほかにあった。どこへ行っても、軍人を見れば「あいつらのせいで日本は負けたのだ」と指を差してにらみつける人たち。そのような人たちのために、毎日彼は怒りと挫折感に苦しめられていた。そのような苦痛の日々を送り、とうとう彼はひどい病気になってしまった。顔を除いて全身が麻痺し、まったく動けなくなったのだ。

彼は病院で、精神科の医師である藤田勝一氏の診察を受けた。藤田氏は彼にこう尋ねた。

「川上さん、良くなりたいですか」

「はい。良くなりたいです」

「では、私が言う通りにできますか」

「はい。何でもします」

「では、私の後について、一度言ってみてください。『感謝します！』」

毎日、怒りと敵対心でいっぱいだった喜一氏は、「感謝します」と言おうとしたが、口が動かなかった。

「今日から『感謝します』ということばを、一日に一万回ずつ言わなければなりません。感謝する心だけがあなたの麻痺した体をいやすことができます」

医者が出て行った後、喜一氏はベッドに横になったまま、病気を治したい一心で、毎日「感謝します」とくり返し言い続けた。最初は病気を治すためと、嫌々ながら言っていたのだが、時間がたつにつれ、「感謝します」ということばが心の底から出てくるようになった。怒りと敵対心による苦しみが消えていき、心もそれにつれて平安になり、変化が始まった。

顔も穏やかになり、行動も次第に柔らかくなってきた。彼に接している家族たちも、喜一氏の変化に喜びを隠せなかった。暗かった家の雰囲気も明るく一変した。以前のような和やかな家庭が戻ってきたのだった。

ある日、末の息子が柿の木に柿が赤く熟しているのを見て「あの柿をお父さんに持っていってあげたい」と思った。息子は、よく熟した柿を二つ取って、父親の部屋のドアを開けた。

「お父さん、柿だよ」

そのとき喜一氏は「ありがとう」と言い、自分でも知らない間に手を伸ばしていた。

「まさか！」

不思議なことに、麻痺して少しも動かなかった手が動いたのだ。息子も目を丸くして驚いた。

一日に数百万種類もの奇跡が起きるが

その奇跡を、奇跡として信じる人にだけ

それは奇跡となる。

—— ロバート・シューラー

手から始まった奇跡は、その後、腕や足など体の隅々にまで及んだ。硬くなっていた彼の体は、まるで感謝の呪文によって魔法が解けたかのように、動くようになっていった。

感謝する心に、奇跡の種が育つ。

置かれた環境がどうであれ、感謝する心でそれを受け入れるとき、私たちの心には平安と喜びが訪れ、さらには不治の病も克服するほどの奇跡を経験することができる。感謝は絶望を押しのけ、希望を引き寄せる奇跡の力を持っている。感謝は足し算や掛け算のように、感謝すればするほど、そこにはさまざまな奇跡が起こる。しかし反対に、感謝のない人生は、引き算や割り算のように受ける祝福までも失う。

奇跡は、感謝があふれるとき、それによって神様の心を動かすときに起こる。神様は時に、私たちの小さな感謝を通して小さな奇跡を日常で見せてくださる。また逆境と試練の中で大きな感謝をささげる人に、大きな奇跡を与えてくださる。

十四番目の感謝

感謝の対象を探せ

私たちは生きていく中で、たくさんの人の助けを受けている。だから静まって周囲を見回すと、感謝すべき人たちがとても多いことに改めて気づくだろう。

私のことをこの世に生んでくれた両親をはじめ、今まで知らないうちに私を助け、導いてくれた方々のことを考えると、感謝すべき人たちは数えきれない。

しかし私たちの感謝を一番先に受けるべきお方は、もちろん神様である。だから私たちは、毎日神様に感謝の祈りや感謝の献金をささげるのだ。

以前、知り合いの牧師から、ある長老の感謝献金に関する話を聞いたことがある。

その牧師の教会では、毎年決まった時期になると、信徒たちに前もって封筒を渡し、約束献金の金額を決める時間を持っていたそうだ。そして、それを牧師が礼拝の時間に発表していた。

しかしある年、牧師が礼拝の時間に名前を発表するとき、ちょっとした失敗をしてしまった。

ある長老が、献金の額を三十万ウォンと書いたのに、牧師は「三百万ウォンに決めました」と言ってしまったのだ。

長老はとても驚き、慌てた。しかし何も言わず、三百万ウォンを惜しまずに献金した。しばらくして牧師はその話を伝え聞いたので、長老に会って申し訳なかったと謝った。しかし長老は、微笑みながらこう言った。

「先生。私は自分の人生が三十万ウォンほどの感謝の人生だと思って三十万ウォンを献金しようとしたのですが、神様は先生の口を通して、三百万ウォンの価値の感謝の人生だと教えてくださいました。本当は、三十万ウォンの十倍の三百万ウォンという発表を聞いて、とても戸惑ったんです。

それでその晩、このことについてたくさん祈りました。祈りながら、過ぎた日々を思い出してみると、私の人生は先生が講壇で言われた通り、三十万ウォンの感謝ではなく、三百万ウォンの感謝に値する人生であると悟らせてくださいました。それで本当に三百万ウォンの感謝の人生になるように、感謝の心で神様にささげたのです」

つまるところ感謝の大きさは悟りの大きさであり、感謝は恵みを悟るところから始まる。あなたの宝のあるところにあなたの心もあるとイエス様はおっしゃったが、豊かとは言えない生活の中で大きなささげものをするのは、恵みを悟らずにはできないことである。

アメリカを建国した清教徒たちは、ささげものについて二つの責任を強調した。一つは、神様に感謝をささげなければならないという責任であり、もう一つは、困っている隣人に分け与えなければならないという責任だった。そのため清教徒が建国したアメリカでは、富を社会に還元する寄付の文化が定着しているのだ。

ビル・ゲイツ、ウォーレン・バフェット、カーネギー、ロックフェラー、ジョン・ワナメイカー、ヘンリー・フォードなど、私たちがよく知っている人たちは、お金を稼いだだけではなく、それを豊かに分け与えた。彼らは、自分たちに財産を築き上げさせてくれた市民のために感謝の心を表して、地域の福祉施設である図書館や学校、教会、孤児院、老人ホームや病院などを建てて、その恩に応えた。

自動車王のヘンリー・フォード氏が、アイルランドの首都ダブリンを訪問したときのことだ。滞在中ある孤児院を訪問したが、そこの子どもたちのために講堂を建てる約束をし、そのために必要な二千ポンドを寄付すると言った。

しかし次の日、ヘンリー・フォード氏の寄付に関する一面記事が、図らずも地方新聞に次のように掲載されてしまった。

「ヘンリー・フォード会長が、孤児院のために二万ポンドを寄付すると約束しました」

二千ポンドが二万ポンドと、間違って記載されてしまったのだ。この事実を知った孤児院側は、すぐにフォード氏を訪ね、丁寧に謝罪した。そして新聞に訂正記事を載せると言った。しかしフォード氏は、微笑みながらこう言った。

「そのままにしておいてください。すべて神様のみこころではないでしょうか。新聞記事に載った通り、二万ポンドを支払いましょう。その代わり、孤児院の講堂が完成したら、講堂の入り口に、こう書いてください。『ヘンリー・フォードの思いではなく、神様のみこころによって建てられた講堂』」

ふと私は、本当に感謝すべき人たちに感謝しているかと考えた。同時に感謝すべき人たちが、走馬灯のように思い浮かんだ。今の私が存在しているのは、多くの人たちの労苦と犠牲と教えのおかげである。彼らの恵みに感謝することを、とても長い間忘れて生きていたようだ。

私には、人生の素晴らしい先生がたくさんいる。その中でも、ここまで「私」という人間を導いてくださった恩師でありメンターであるホン・ジョンギル牧師を思い出さずにはいられない。

私がホン牧師の下で仕えるようになったのは、神学大学院一年のときだった。その頃は結婚して一カ月もたっておらず、神学大学院生活と結婚生活、そして牧師としての生活、すべてが初めてづくしだった。大変な時期だったが、私が疲れるたびに力となってくださったのがホン牧師だった。

他の教会に比べ、謝礼も多く、学費も全額支援してくださった。その上、教会新聞を作れるよう機会を下さり、出版、編集にも足を踏み入れるようになった。今このような本を書くようになったのも、そのときの経験が足がかりとなっているからこそ可能なことなのだ。

私が初めて任された仕事は、青年のための働きだったが、その働きを始めて五年目、青年たちに夢と希望を与えたいという情熱が、心に勢いよく湧き上がり、本を出版することを考えるようになった。

多くの先輩の牧師たちに、いろいろな助言をいただいたが、肯定的な反応をしてくれる人は一人もいなかった。

皆の懐疑的な反応を見て、私は迷った末にホン牧師に会うことを決めた。未熟な文章ではあったが、私の純粋な情熱と夢が込められた原稿を持って行き、ホン師に出版を相談したときの緊張を、今も忘れることができない。

「ホン師にまで、難しいと言われたらどうしよう」という心配もあった。「無名の青年の文章を、誰が読んでくれるだろうか」という消極的な思いがよぎったりもした。ホン師におそるおそる原稿を差し出し、口ごもりながら出版することについて話した後、ホン師が口を開くのを待った。ホン師の反応は、驚くべきものだった。

「ジョン・クゥアン兄弟。一度チャレンジしてみなさい。青年の働きに特別な情熱を持っているなら、この本は間違いなく、尊く用いられるでしょう」

ホン師は快く出版を勧めてくれ、推薦の手紙まで書いてくださった。師の励ましに力づけられた私は、大きな勇気をいただき、出版社の門をたたくことができた。

その後も、人生のターニングポイントに立つときや、重要な決断をする前には、必ずホン師を訪ねた。

伝道師時代に、突然ニュージーランドに移民したいという考えが浮かんだ。そのときもすぐに走って行き、ホン師に相談した。師は私の計画を静かに聞いた後、注意深く言われた。

「ジョン・クゥアン兄弟。もしかすると状況が変わって、移民できなくなるかもしれないから、誰にも知らせずに慎重に準備するのがいいと思います」

私は何も起こらないだろうと思って、移民できることを確信してすべての準備を済ませた。しかしどうしたことか、移民希望者たちが一度に殺到したため、私の計画は水の泡となってしまったのだ。恥ずかしくもあり、面目もなかったが、後日、再びホン師を訪ねた。移民できなくなった事情を話したところ、師は一言、このようにおっしゃった。

「そうですか。ではその話はなかったことにして、私と一緒にここで働いてはどうですか」

何も言わずに分別のない私を再び受け入れてくださったホン師に、涙が出るほど感謝した。このようにして私は、南ソウル教会で専任の働きをするようになった。

その後、私はホン師の紹介によって、シカゴで牧師をするようになり、師が韓国人留学生の集会を導くために来られるたびに訪ねて行き、交流を続けてきた。あるとき、私たちの家に寄られたホン師が、これからの進路の方向性を慎重に尋ねてこられた。そのとき師は、実に意味深長なことを言われた。

「韓国教会には牧師は多いが、良い文章を用いて韓国教会に仕える人は、それほど多くない。私はジョン牧師が、文章を用いて韓国教会に仕えてくれたらいいと思う」

そう言いながら師は、私の手をしっかり握ってこう祈られた。

「主よ。ジョン・クゥアン牧師をフィリップ・ヤンシーのような著述家として用いてください。ジョン兄弟の文章によって、韓国教会と信徒たちに仕えることができるよう、祝福してください」

ホン師がこう祈った後、私は『ホワイトハウスを祈りの家にした大統領リンカーン』(弊社発行)を執筆し、多くの読者たちの愛によって、今まで幸せに文章を書いてきた。

ホン師も、自分のことのように喜んでくださり、私の執筆活動をいつも支援してくださる。その後に執筆した『聖書が作り上げた人　百貨店の王ジョン・ワナメイカー』のタイトルも、ホン師が直接つけてくださり、本についてのいろいろなアイデアも提供してくださって、未熟な文章が内容の充実したものに生まれ変わることができた。

ホン師のことを考えるたびに、「家族」という二文字が思い浮かぶ。家族はすべてを共有する。家族は遠く離れていても家族だ。家族の中には、賢い子どももいれば、出来の悪い子どももいるし、健康な子どももいれば、体が不自由な子どももいる。しかし一度家族になれば永遠に家族であるように、この十八年間をホン牧師と一緒に過ごしてきた。

素晴らしい師に出会い、尊い牧師としての働きを学び、本当の兄弟のような同労者たちとともに、多くの恵みを分かち合いながら幸せな人生を送ることは、この上もなく感謝なことだ。

ホン師を通してとても多くのものを受け、恵みを感じているが、何もお返しできないことを申し訳なく思う。かといって、これからも受ける愛をすべてお返しすることはできないだろう。それほど私が受けた愛は大きいのだ。

ただ私ができることといえば、恩に応える心で、そして感謝の心で、私の残りの人生を一生懸命生きることだけだ。そしてホン師のように後輩たちを導き、彼らの人生のメンターとなるなら、師に少しでも恩返しができるのではないかと思う。

15

十五番目の感謝

がけっぷちの感謝

聖書に登場するダニエルの感謝は、平安なときにのんびりささげる感謝ではなく、いのちの危険の中で、いのちがけでささげる感謝だった。

彼は幼い頃バビロン捕囚によって捕らえられ、国を失い家族とも別れ、苦難と血の涙で人生をスタートした。それにもかかわらず、自分の身の上を恨んで嘆いたり、自暴自棄になったりせず、立派に自分の人生を切り開いていった。

若い頃から主にあって心を定め、世が甘いわなで彼を誘惑するときも、信仰で危機を乗り越え、素晴らしい信仰の人としての姿を見せた。

ダニエルの感謝は、彼がバビロンのネブカデネザル王の夢を解く話から始まる。あるとき王は夢を見たが、朝起きると夢を覚えておらず、不安でいっぱいになった。王は祈祷師たちを呼んで命令した。

「私が見た夢がどんなことを意味するのか言い当て、解釈するように」

占い師と祈祷師たちは皆、王が見た夢と解き明かしが分からず、殺されそうになったが、そのときダニエルが現れ、この問題を解決してみせた。

彼が若い頃、その心を定めたとき、神様は彼を喜ばれ「恵みを受ける者」として人生を生きるようにされた。彼が神様に王の夢を解き明かすことができるよう求めたとき、神様は夢を解釈する知恵だけでなく、この世に勝利する能力も下さった。彼は神様に感謝をささげた。

「私の先祖の神。私はあなたに感謝し、あなたを賛美します。あなたは私に知恵と力とを賜い、今、私たちがあなたにこいねがったことを私に知らせ、王のことを私たちに知らせてくださいました」（ダニエル二・二三）

ダニエルは、これにより王の寵愛を受け、勢いに乗って大臣の座に登り詰めた。彼の生涯の大部分は信仰の中で平穏であったが、王と政権が交代するとき、何度か危機に遭遇する。バビロンからペルシャに政権が移り、ダリヨスが王となったとき、ダニエルは人生で最大の成功と危機を同時に迎えた。

ダリヨス王は全国を百二十の地域に分け、太守《たいしゅ》百二十人と、その上に大臣三人を置いて国を治めた。

王は知恵深く鋭いダニエルを、大臣の中でも最も寵愛し、選任の大臣に任命した。しかし他の二人の大臣や太守たちは彼に嫉妬し、ダニエルを追い出そうと陰謀を企てた。

彼らは、ダニエルの倫理的また経済的な面に欠点を見つけようと内密に調べた。女性とのスキャンダルはないか、自分の地位を利用して、人知れず不正な方法で財産を蓄えていないか、すみずみまで内密に調べた。

たたけばほこりの出ない人はいないというが、ダニエルはいくらたたいてもほこり一つ出てこなかった。むしろ、たたけばたたくほど、彼の清く誠実なイメージが浮かび上がるばかりだった。

彼らは清廉潔白なダニエルに文句のつけどころがなかったので、他の角度から彼をわなにかける策略を立てた。それはダニエルが信じている神様を、謀反の道具とすることだった。

これから三十日間、王以外のほかの神や人に祈願をすれば、その人を獅子の穴に投げ込むという策略を立てたのだ。一日も休まず毎日三回ずつ窓を開けて、エルサレムの方角に向かって祈るダニエルを陥れることのできる唯一のわなだった。王は忠実な臣下を殺そうとする大臣たちの陰謀であるとも知らず、ただ自分を神格化させる法令であると錯覚し、この文書に署名をした。

こうしてダニエルは、彼らの謀略と陰謀にかかり、信仰を捨てなければ獅子の穴に投げ込まれるという危機に直面したのだ。

法令はすでに公布されているため、三十日間窓を閉めて人に隠れて祈りをささげるか、もしくは三十日間だけ祈りをやめれば、彼らの計画は水の泡と化す。ところがダニエルは、そうはしなかった。

一番深い感謝は

苦しみを体験した人の

感謝。

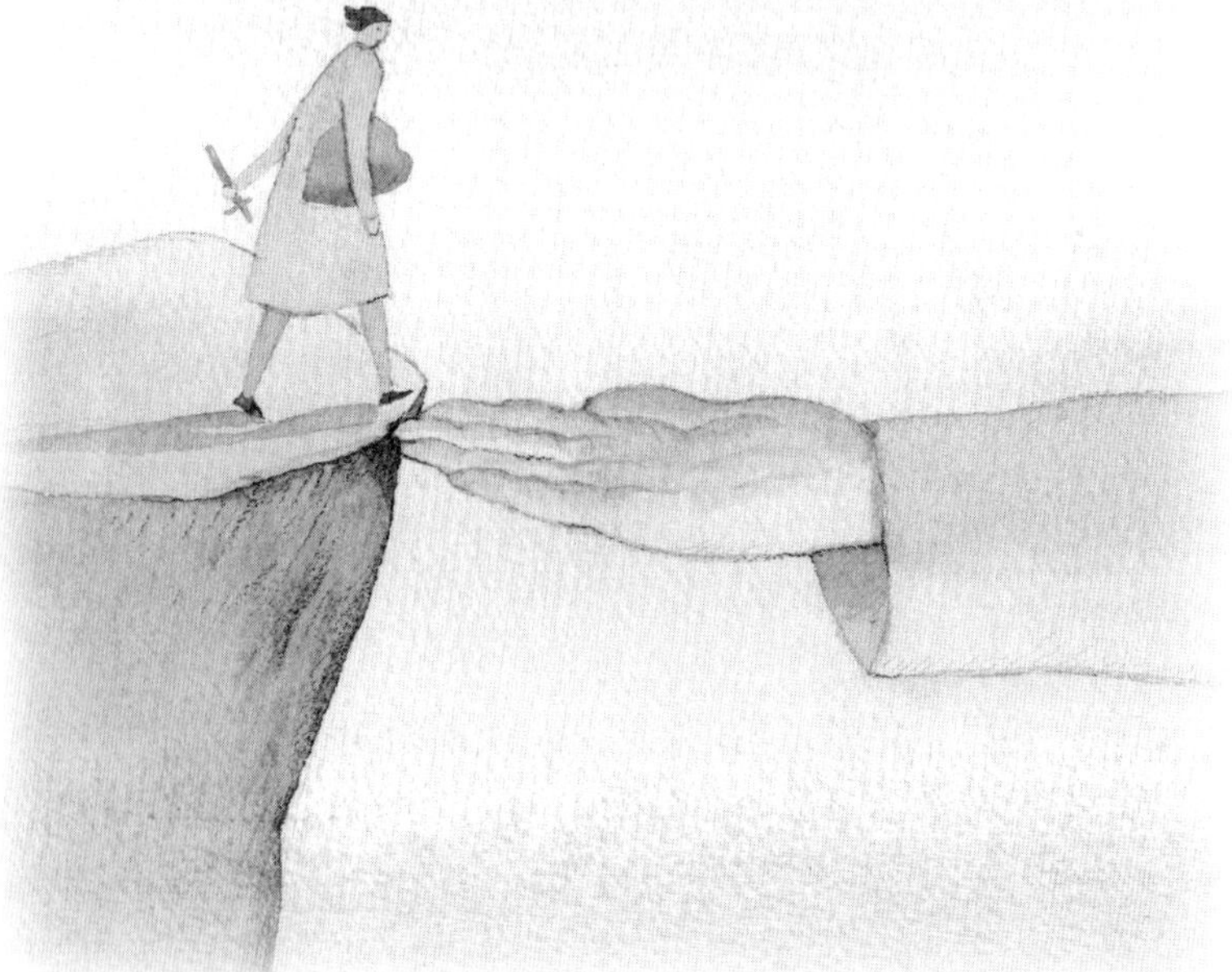

計略を企てた大臣たちも、それを予想していた。

彼らは、神様に対するダニエルの信仰をいち早く見抜き、彼が決して神様を裏切らないと確信していたのだ。そして彼らの予想通り、ダニエルは文書に署名がされたことを知っても、いつものように祈りをささげた。それもただの祈りではなく、感謝の祈りをささげたのだ。

死が目の前に迫っていることを知っていたにもかかわらずだ。

「ダニエルは、その文書の署名がされたことを知って自分の家に帰った。――彼の屋上の部屋の窓はエルサレムに向かってあいていた。――彼は、いつものように、日に三度、ひざまずき、彼の神の前に祈り、感謝していた」（ダニエル六・一〇）

ダニエルは、祈れば死ぬこと、また感謝するなら殺されることを知っていた。獅子の穴に入れられ、体がズタズタに引き裂かれることを、誰よりもよく知っていた。

それでも彼は最後まで祈り、最後まで感謝した。薄氷を踏むような危機の中にあっても、感謝は彼の口から離れることがなかった。神様を信じる信仰のために、いのちまで差し出して感謝するダニエルの感謝こそ、感謝の最高峰と言うことができるだろう。

ダニエルは最後まで屈せず、感謝をささげて祈ったために、獅子の穴に入れられた。しかし神様は、お腹をすかせた獅子の口をふさいで、彼を獅子の穴から救い出された。その代わりに、ダニエルを殺そうと陰謀を企てた人たちが、獅子の餌食となった。

こうして死を目前にしても感謝をささげたダニエルは、ダリヨス王とクロス王の時代まで繁栄した祝福の人となった。

このようにダニエルは私たちに、祈る人がまことの感謝をささげることができ、清く誠実に生きる人が感謝することができ、いつも変わらず感謝する人だけが、危機の中でも感謝することができることを教えてくれる。

神様が住まわれる場所は、２つ。

１つは天国

そしてもう１つは、感謝する心の中。

秋

感謝は
今にもはじけそうな
実の豊かさのようなもの

十六番目の感謝

先手の感謝

「すべての事について、感謝しなさい。これが、キリスト・イエスにあって神があなたがたに望んでおられることです」（一テサロニケ五・一八）

「すべての事について感謝する」とはどのような意味だろうか。「どのような状況にあっても、すべてのことに対して、どんなことが起きても」感謝せよということだ。

一言で言うと、人生に日が差しているときも、陰っているときも、変わらず感謝せよということである。

「すべて」の中には、肯定と否定の両方が含まれている。人間の喜びと楽しみだけでなく、悲しみと苦しみも含まれている。人間の喜びも悲しみも含まれているのが「すべて」である。

「すべての事について感謝する」とは、肯定的なことや否定的なことを超越し、絶対的な肯定を生み出すことを意味する。それは霊的な次元であり、神様の目で見るときにだけ可能なことだ。

神様は、一生感謝する人生を、私たちすべてに義務として与えられた。多くの人が、イエス様を信じればすべてがうまくいき、万事が思い通りになると勘違いし、いつも感謝できるだろうと考えている。しかし、いざ思いもかけない事柄に遭遇すると、なぜこうなるのかと怪訝《けげん》な顔をする。

しかし聖書は、イエス様を信じたからといって、いつも良いことばかり起こるとは言っていない。むしろ苦難や逆境に遭ったときにも、すべてのことについて感謝するよう教えている。

ある女性のクリスチャンが、バラ色の夢を描いて結婚生活を始めたが、新婚早々、夫が酒に酔ってふらふらになって帰ってくるため、結婚生活がめちゃめちゃになってしまった。十年たっても夫の酒ぐせは直らず、彼女は心を痛めていた。

ある土曜日の夜遅く、その日もいつものように夫は酔いつぶれて玄関の入り口で倒れていたので、彼女は夫を何とか家に入れて寝かせた。

毎日このように酒ぐせの悪い夫と格闘する自分の境遇を嘆き、彼女は神様に心の内を吐き出した。

「神様。なぜこんなに祈っても夫が変わらないのでしょうか。なぜ私の結婚生活は、こんなにひどいのでしょうか。神様。もうこれ以上、耐えられません」

十年以上、積もりに積もった悲しみのため、大声で泣きながら、祈りにならない祈りをしていると、先週聞いた牧師の説教のことばが、ふと思い浮かんだ。

「すべてのことについて感謝しなさい。そうすれば奇跡が起こります！」

しかし感謝をできることが一つでもなければ感謝できないと思って考えてみると、少しおかしくはあるが、いくつか感謝する事柄が思い浮かんだ。

「隣でだらしなく、いびきをかきながら寝ている夫を見ると、情けなくもありますが、それでもいないよりはいいので感謝します。いつか良い夫になる可能性があると思うので、感謝します。このようにお酒に酔っても、ほかの所へ行かず、いつも家に帰って寝てくれることに感謝します。お酒は好きでも、女性は妻だけなので感謝します。他のご主人たちは、お酒を飲むと手を上げたりして、家族が眠ることもできないこともあるのに、そのようなことはないので感謝します。土曜日にはお酒をたくさん飲んで、日曜日は決まって寝ているため、私が教会に行くのに反対しないことを感謝します」

感謝の祈りというにはあまりにも貧弱だと思い、笑いが込み上げてきたが、不平よりは感謝の方が胸がすっきりして喜びが湧いてくるようだった。そこで続けて思いつくまま感謝をしていた。

そのとき、ちょうど夫はのどが渇いて目が覚めたのだが、妻が笑いながら何かぶつぶつ祈っているではないか。夫は驚いて、おそるおそる妻に声をかけた。

「おい。夜中に寝ないで何をしているんだ。何が楽しくて、一人でにこにこしているんだ」

「あなたと暮らしていることが、とても感謝なことだと思ったのよ」

そう言って、今まで祈っていた感謝の内容を全部伝えた。その瞬間、夫の表情が深刻になり、全く予想しなかった反応をした。

「俺が酒に酔って、お前をひどく悩ませているのに、俺と暮らすことが感謝だと言ってくれてありがとう。これからは、酒を飲まないよう努力するよ。それに、俺が教会に行くことをそんなに願っているなら、明日からでも行くことにするよ」

十年以上、涙を流して祈ってもびくともしなかったご主人の心が、たった一度の感謝の祈りによって動くという奇跡が起こったのだ。

もちろんこの女性の話のように、感謝の祈りをささげるとすぐに自分を悩ませている問題が解決するというわけではない。

しかし確かなことは、問題を感謝して受け入れることができれば、神様は問題を祝福の道具として用いられるお方であるということだ。たとえそうでなくても、私たちの心の土壌が変えられ、これ以上問題とならないよう働いてくださる。この女性も、十年間夫を変えようとしてきたが、自分を変えようとはしていなかった。

もちろん私たちは、人生の中で理解も説明もできない多くの困難に出会う。しかし神様は、すべてのことに感謝して人生を送るよう言われた。信仰の目で見れば、すべてのことが働いて益となることを神様はご存じだからだ。


ユダヤ人のタルムードに、尊敬されているラビの一人であるアキバの話が出てくる。

ある日、彼は遠いところに旅に出かけた。本を読むための灯りと、時間を知らせる雄鶏、遠い道のりを進むためのロバと、経典であるトーラー（モーセ五書）を持って出発した。旅の途中で日が暮れたので、ある村に入り、泊まる場所を探したが、村の人みんなから断られた。いつでも感謝する彼は、こう考えた。

「すべてのことを良くしてくださる神様が、もっと良いようにしてくださるはずだ」

彼はむしろ感謝し、村の一角に天幕を張って眠った。しかし道ばたで野宿しているせいか眠れず、トーラーを読もうと灯りを点けた。ところが、ちょうど風が吹いて灯りが消えてしまった。彼は「神様がもっと良いようにしてくださるはずだ」と言って、

すべての事について感謝しなさい。

また感謝した。

再び眠ろうと横になると、今度は獣が荒々しく吠える声でロバが驚き、遠くに逃げてしまった。ここまでくれば不平が出てくるところだが、彼は「神様がもっと良いようにしてくださるはずだ」と感謝した。ロバが逃げてしまったので、雄鶏も驚いて遠くに飛んでいってしまった。彼に残されたのは、トーラーだけだった。しかし彼は、「もっと良いようにしてくださるはずだ」と言って、再び感謝した。

二日目の朝になり、彼は荷物をまとめて村に入った。ところが前の晩、その村を盗賊たちが襲撃したため、村は荒れ果て、村人は皆殺しされ、ひどい事態になっていたのだ。もし灯りが点いていたら、そしてロバや雄鶏が鳴いていたなら、果たして彼は生き延びていただろうか。いつも、どんな状況でも感謝するアキバを、神様が守ってくださったのだ。

私たちは明日のことは分からずに人生を送っている。明日どころか、一寸先も見ることができないまま人生を歩んでいるのだ。もっと正直に言えば、今起こっていることでさえ、その意味を理解することはできない。なぜ、そのようなことが起こったのか、完全に理解することはできないのだ。しばらくたってから、なぜそのときそのようなことが起こったのかを悟る。そして、ようやく感謝するのだ

手遅れになってから騒ぐ人が、人生で成功することは難しいだろう。何事でも成功したいなら、先手を打たなければならない。そうしてこそ人がついてくる指導者となるのだ。

感謝も、事が起こってからする感謝は、それほど効果的ではない。先手の感謝をささげてこそ、神様がより喜ばれ、人生の道を大きく開いてくださる。すべてのことに感謝することは、先手の感謝である。何かがあるたびに、いつも前もって先手の感謝をする習慣が大切だ。

感謝は成功を誇示するアクセサリーでもなく、人生の苦痛とは関係のないぜいたく品でもない。すべてのことに感謝することは、人生に日が差しているときも、陰っているときも、すべてに対して高慢にならず、卑屈にもならず、神様を覚えることなのだ。

成功したときに感謝する人は高慢にならず、失敗したときに感謝する人は、挫折を

しない。
先手の感謝で、神様の心を高鳴らせよう。

17

十七番目の感謝

特別な献金封筒

全羅南道《チョンラナムド》の麗水《ヨス》市に行くと、愛養園という場所がある。そこは、ソン・ヤンウォン牧師がハンセン病患者たちの面倒を見ていた所だ。そこにはソン・ヤンウォン牧師の遺品が展示されているが、その中に二人の息子が殉教した直後、斎場で神様の前にささげられた感謝献金の封筒がある。封筒には次のように書かれている。

「二人の殉教を感謝して。一万ウォン。ソン・ヤンウォン」

一九四八年、十月十九日、済州島《チエジユ》四・三事件を鎮圧するために、麗水に集結していた軍人の中で、南労働党を支持していた軍人を中心に麗水・順天《スンチヨン》事件が起こった。

そのとき順川《スンチヨン》司法学校の卒業を控えたソン牧師の二人の息子、ドンインとドンシンは共産党に逮捕されたが、最後の瞬間まで福音を伝え、そして殉教した。

そのとき、ソン牧師は教会で祈っていたが、突然の二人の息子の殉教の知らせを受け、その場で神様に祈りをささげた。

「神様のご計画があって、主が二人の息子を呼ばれたことを信じ感謝します」

そして、祈りは次のように続いた。

「神様。二人の息子を殺した人のいのちを救ってください。私が伝道します。彼がそのまま地獄に行ってはいけません。神様。私に彼を愛する心を下さい」

ソン牧師は急いで米軍司令官に願い出て、自分の息子たちを殺した共産党員を探し出して赦すことを決心した。そして斎場に集まった多くの弔問客たちに、次のように言った。

「私が今、どのような弔辞を述べ、挨拶をするかですが、神様に感謝する思いで、少しお話ししたいと思います。

第一に、私のような罪人の血統から、殉教する子どもたちを出してくださった神様に感謝します。

二つ目に、とても多くの信徒たちの中で、宝のような息子たちを、神様がよりによって私に任せてくださったことについても、主に感謝します。

三つ目、三男三女の中でも素晴らしい二人の息子、長男と次男をささげることができた私の祝福を神様に感謝します。

四つ目、一人の息子の殉教だけでも尊いのに、ましてや二人の殉教者を与えて下さいました。神様、感謝します。

五つ目、イエス様を信じて死ぬことも大きな祝福であるのに、伝道しながら銃に倒れ殉教しました。神様、感謝します。

六つ目、アメリカ留学のために準備していた息子ですが、アメリカよりもっと素晴らしい天国に行ったので、私の心は安心です。神様、感謝します。

七つ目、愛する二人の息子を銃殺した敵を、悔い改めに導き、自分の養子にするという愛の心を与えてくださった神様に感謝します。

八つ目、二人の息子の殉教を通して、数えきれないほど多くの天国の息子たちができると信じることができました。神様に感謝します。

九つ目、このような状況の中で、今、お話しした八つの真理と、神様の愛をいただいた喜びの心、余裕のある信仰を下さった私たちの主イエス・キリストに感謝します。

最後に、このようにあふれるほどの祝福にあずかれたことに感謝します」

二人の息子の葬儀礼拝で、父ソン・ヤンウォン牧師が述べた感謝の弔辞に皆が涙した。

ソン牧師に悲しんでいる様子はなく、葬儀の一番前の列で「悩み多きうき世を（聖歌総合版六八八番）」という賛美を歌い、葬儀の後、感謝献金一万ウォンを主にささげた。当時ソン牧師の月給は、わずか八十ウォンだった。

彼は息子を殺したアン・ジェソンを養子とし、ソン・ジェソンという新しい名前を与え、後に彼を牧師として育て上げ、愛の奇跡を起こした。その後、ソン・ヤンウォン牧師は、ハンセン氏病患者を世話し、教会に仕えながら、共産党治下で信仰を固く守り通した。

神社参拝を拒んだ彼が受けなければならなかった苦痛はとても語りつくせないが、ソン牧師は生涯、感謝の心を持って牢獄での苦しみを体験し、最後に殉教した。こうして彼の人生は、息子の前に恥ずかしくない父として、この地のすべてのクリスチャンに感謝の模範となる牧師として、永遠に記憶されたのだ。

十八番目の感謝

ゼロの感謝

イギリスのある記者が、有名な劇作家バーナード・ショーを訪ね、次のような質問をした。

「世界のすべての本が燃えても、残さなければならない本があるとしたら、それはどんな本だと思いますか」

すると、彼はこのように答えた。

「聖書のヨブ記だと思います。ヨブは貧しくても、病気になっても、子どもたちを失っても、妻が裏切っても、それでも感謝できる人だったからです」

ヨブは、神様が認めた東方の義人だった。信仰の人物を評価するときに最も大切な基準は「神様がその人をどのように見ておられるか」ということだ。

聖書には多くの人物が登場するが、サタンの前で神様が人柄を二度もほめている人物が、ヨブのほかにいるだろうか。神様はヨブの信仰を、一言で「潔白で正しく」と表現しておられる。これは彼の神様を愛する心が、終止一貫して変わらなかったということである。

彼は神様を敬い、悪を遠ざける敬虔な人だった。神様は忠実なヨブを物質的に祝福された。一言で言うと、彼は相当な金持ちだったのだ。

「……羊七千頭、らくだ三千頭、牛五百くびき、雌ろば五百頭、それに非常に多くのしもべを持っていた」（ヨブ一・三）

彼が持っていた財産は想像できないほど多く、子どもにも恵まれていた。何一つ持っていないものはなかった。

しかしある日突然、彼の人生に理由もなくひどい災難が訪れ始めた。莫大な財産は一瞬にしてなくなり、十人の子どもたちを一日にして失った。さらには自分の健康まで害し、その上信頼していた妻にまで、神様をのろって死になさいと言われてしまったのだ。

理由も分からないまま、大変な状況に陥ってしまったヨブは、慰めるため訪ねてきた友人たちからも、嘲弄とあざけりを受けた。ヨブは子どもも財産も名誉も健康も友人も妻も、すべて取り去られるという惨めな瞬間を体験したのだ。

しかし、ヨブは揺るがなかった。彼は最後まで挫折することなく、忍耐して自分の信仰を固く守り通した。彼は一瞬にして、すべてがなくなるという悲劇にあっても、むしろ神様を賛美し、感謝をささげた。

「……地にひれ伏して礼拝し、そして言った。『私は裸で母の胎から出て来た。また、裸で私はかしこに帰ろう。主は与え、主は取られる。主の御名はほむべきかな。』ヨブはこのようになっても罪を犯さず、神に愚痴をこぼさなかった」

（ヨブ一・二〇〜二二）

すべてのものを失っても、ヨブの神様に対する愛と信仰は変わらなかった。財産を失うことも、子どもを失うことも、健康を失うことも、友人を失うことも、そして妻に背を向けられることさえも、彼の潔白で正しい信仰を揺るがすことはできなかった。

彼はむしろ「本来人間は何も持たないゼロの状態で生まれてくるのだから、再びその原点に戻って始めればいいのだ」という「ゼロの感謝」をささげた。

「主は与え、主は取られる。主の御名はほむべきかな」

サタンは神様と議論をし、「ヨブの素晴らしい信仰は、神様が下さった良い条件のためで、すべての祝福を取り去ってしまえば、彼の信仰もほかの人と少しも変わらないだろう」と言った。

しかし神様は、ヨブの信仰は条件的な信仰ではなく、無条件の信仰であると言われ、彼の信仰が純粋であることをくり返し自慢した。

とうとうサタンはヨブを試すために、すべてのものを彼から奪い取ったが、無駄であった。神様のことば通り、ヨブの信仰は、条件が整っていたから神様を愛し、感謝していたのではなかったことがはっきりと立証されたのだ。

まことの感謝は、無条件の感謝である。

無条件の感謝は、ヨブのようにゼロの状態から始めなければできない。自分のすべてのものを神様に完全に明け渡すときにだけ、「ゼロの感謝」をささげることができるのだ。心を空っぽにして、すべて神様から頂いたものであるという告白をするとき、私たちはゼロから感謝を始めることができる。

もちろん、ゼロから人生をやり直す人はそう多くはないだろう。すでに私たちはあまりにも多くのものを所有し、それを楽しみながら生きている。しかし自分が所有し、楽しんでいる現在のすべてのものが、自分の能力や努力によるのではなく、神様から

感謝は、無から始めなければならない。

無から始めれば、すべてが感謝だ。

服一枚、ごはん一食、呼吸している空気

暖かい日差し、美しい自然

これらすべてが感謝の対象になる。

頂いたものであるということを認める人だけが、ゼロの感謝をささげることができる。しかし私たちは本当に、ゼロの感謝をささげることができるだろうか。考えるほど簡単なことではない。

幼い子どもが白血病で死にかかっているのを見ている両親は、果たして感謝することができるだろうか。

生涯、家族のために尽くしてきた妻が、がんで苦しんでいるのを見て、果たして感謝のことばが出てくるだろうか。

生まれてすぐに障害が見つかり、病院をいくつも回って、もしかしたら治るかも知れないという希望を持っていたが、とうとうその障害が治らないという診断を受けたとき、果たして両親の口から感謝のことばが出てくるだろうか。

履歴書を何十通書いても就職先が決まらず、面接さえまともにしてもらえずに書類審査で落ちてばかりいるときに、若者の口から感謝のことばが出てくるだろうか。

事業を始めたものの、生活費はおろか店の家賃もろくに払えず、借金が雪だるまのように増えていくとき、店の主人は感謝のことばを口にすることができるだろうか。

このような状況では、到底感謝などできないと思うだろう。しかしゼロの感謝は、このような最悪のときにも感謝するということなのだ。

戦争で息子を失った夫婦が、痛みを乗り越えて教会に出席し、神様に高額の感謝献金をささげた。封筒には次のような感謝のことばが書かれていた。

「素晴らしい息子を二十年間私たちのそばに置いてくださり感謝します。そして息子の魂を受け取ってくださることを感謝します」

息子を失い、神様を恨むこともできただろうが、この夫婦は「ゼロの感謝」をささげた。彼らは息子とともに、二十年もの間積み上げた大切な思い出が、神様からの贈りものだと考えたのだ。

ゼロの人生を悟った瞬間、感謝の人生が始まる。そのためには、私たちの心の状態をゼロまで低くしなければならない。満足を測定する心の温度計を、いつでもゼロに合わせて生きなければならない。常に私たちの心をゼロの状態にして人生を生きるなら、まことの感謝と幸せが湧き上がるだろう。

感謝はゼロから始めるものである。ゼロから始めるなら、感謝できないことはない。夜遅く床に就くとき、いのちを神にお返しするなら、朝、再びいのちを頂いた喜びと感謝で一日を始めることができる。

「ゼロの感謝」は、すべてが感謝の対象である。服一枚、ごはん一食、靴一足、本一冊、コーヒー一杯、短い休憩の時間にも感謝するようになる。

不平は、自分の位置を過大評価している高慢な心であり、「ゼロの感謝」は、すべてを神様から頂いたと認める謙遜な心なのだ。

19

十九番目の感謝

感謝できないものはない

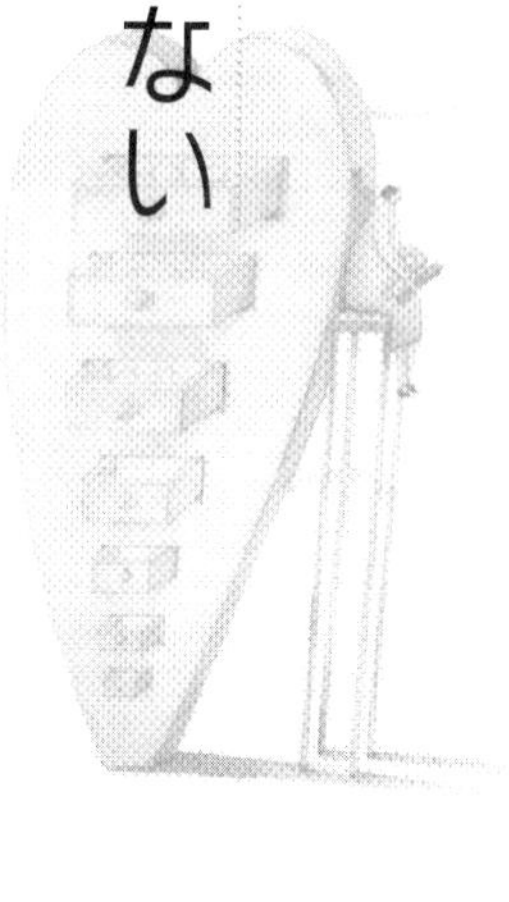

心理学者のアーニー・J・ゼリンスキーは、心配について次のような研究結果を発表した。

心配の四十パーセントは、「決して起こらないこと」であり、
心配の三十パーセントは、「すでに起こってしまったこと」であり、
心配の二十二パーセントは、「取るに足りないこと」であり、
心配の四パーセントは、「私たちの力ではどうにもならないこと」であり、

心配の四パーセントは、「私たちが変えることのできること」である。

つまり心配したからと言って、私たちが解決できるものは何もなく、心配する必要がないということだ。私たちは日常生活の中で、くだらない心配をすることで人生を浪費している。


「子どものおむつさえ外れれば、感謝できます」

「特別な願いはありません。ただ子どもたちが学校で勉強さえ良くできれば、感謝します」

「子どもが就職できさえすれば、心配せずに感謝します」

「娘が良い人と出会って、結婚できれば感謝します」

「主人が定年退職するときまで、どうにか頑張ってくれたら感謝します」

「銀行の融資の問題さえ解決すれば、感謝します」

「退職後、暮らしていくのに支障ないくらいの年金をもらえれば感謝します」

心配や問題が解決したときだけ感謝することができ、幸せであると錯覚すると、生涯、感謝と幸せは、手でつかむことのできない虹となってしまう。月日がたっても状況は変わらないのだ。感謝と幸せの理由を探しているうちに、人生は水のように流れていってしまう。

だからこそ人生のすべての瞬間に、感謝できることを探さなければならない。今あるすべての問題が解決して、平穏な状況が訪れるまで喜びと感謝を先延ばしにするなら、生涯、心配の森から抜け出すことはできない。今日、置かれている現実を感謝し、人生の旅路を楽しまなければならない。

感謝する（Thank）ということばは、考える（Think）ということばを語源とする。考えを変えさえすれば、感謝できないものはない。

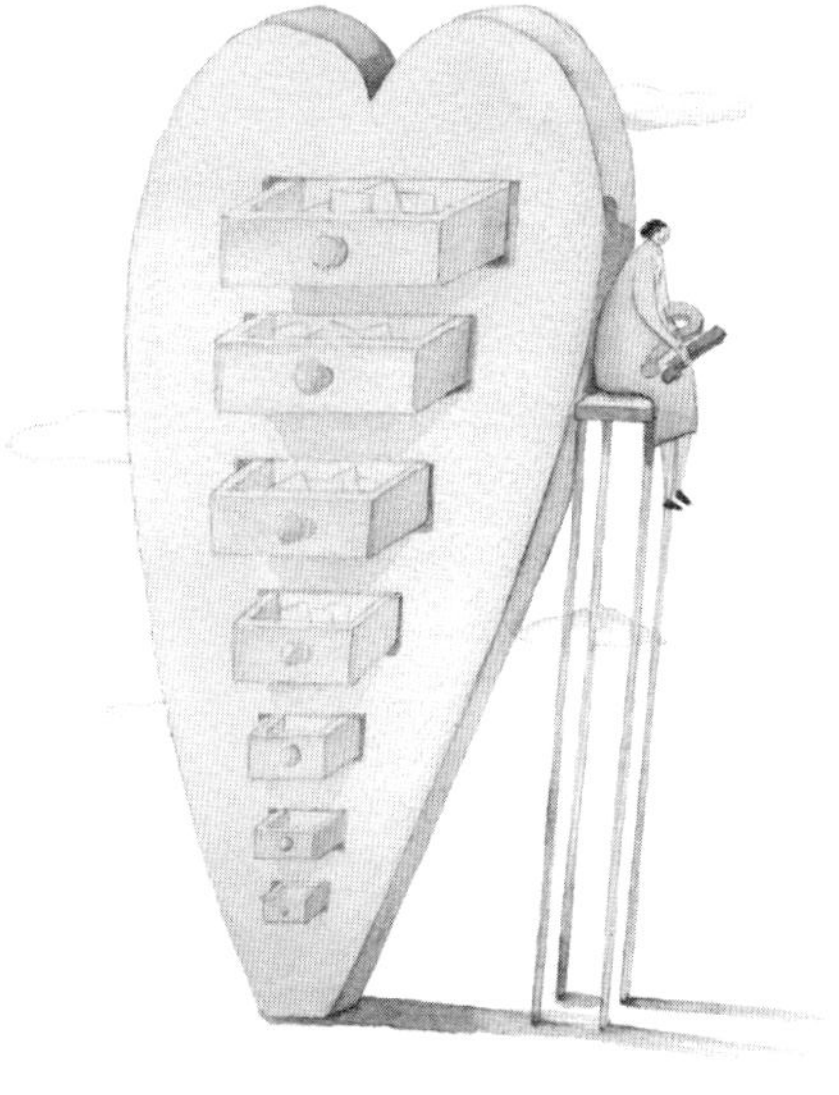

一九六九年、イスラエルの首相となったゴルダ・メイア女史は、自叙伝で次のような告白をしている。

「私は自分の顔が美しくないことを感謝する。私は不器量なので祈り、不器量なので一生懸命勉強した。私の弱みは、この国にとっては助けとなった。絶望は神様の召命を悟る機会となった」

彼女は首相として務めた十二年間、国民たちに知らせることなく白血病と闘いながら、職務を誠実に全うした。

弱気になるたびに神様に信頼し、どんなにつらいときでも、首相としてなすべき仕事を少しもおろそかにしなかった。神様が下さった大切な職務を、常に尊いものとして受け入れ、感謝の人生を送ったのだ。

私たちはしばしば、学歴がないから、外見が良くないから、強い後ろ盾がないから、もしくは家柄が良くないからなどという理由をつけ、自らの能力を制限する。

しかしそれは大きな間違いである。むしろ短所がより大きな長所として用いられることを、私たちは偉人たちの生涯を通して数多く見ることができる。感謝の眼鏡をかけて自分自身を見るなら、どんな身体的な弱さも感謝の対象に変えることができる。髪が薄くても感謝できることが、何と六つもあるという面白い文章を読んで、思いっきり笑ったことがある。

一　女性にはほとんどない現象だ。だから、すべての女性は感謝するべきである。
二　神様の愛を受ける者が髪が薄くなる。毎日、おでこをなでてもらっているためだ。
三　髪の薄い人は、施しを受けて生きることはない。髪の薄い人で物乞いをしている人を、今まで一人も見たことがない。
四　比較的、牧師に多い。エリシャもそうだった。
五　石鹸やシャンプーや水を、かなり節約することができる。
六　神様に苦労をかけない。神様は毎日、私たちの髪の毛の数まで数えておられるからだ（マタイ一〇・三〇）。

要するに、考え方の違いが感謝を作るのだ。髪の毛を一本植毛するために一万ウォン（約千円）かかると言われている。百本植毛すれば百万ウォン（約十万円）、千本植毛すれば一千万ウォン（約百万円）である。しかし千本植毛しても、あまり違いが分からないそうだ。一般的に髪の毛の数は二〇万本と言われているので、千本植毛したところで、ごく一部にしかならないからだ。頭全体に植毛するとしたら、髪の毛の金額だけで二十億ウォン（約二億円）だ。

だとすれば、髪の毛があるだけでも二〇億ウォンの金持ちだと感謝できるのではないだろうか。考え方を変えれば、感謝できないことなどないのだ。

20

二十番目の感謝

最初に感謝すること

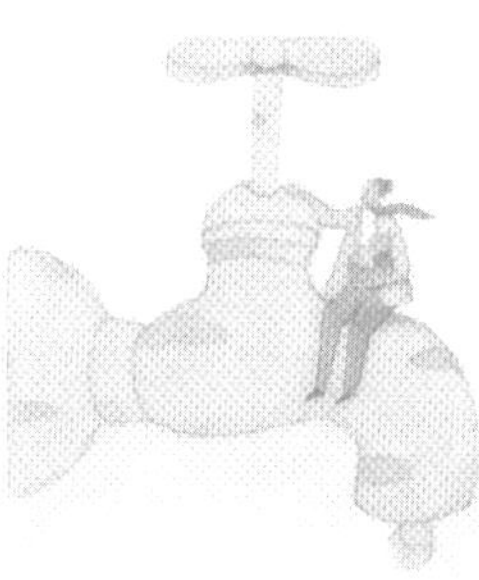

いのちとは、この世で一番美しくて尊い神様からの贈りものである。いのちが与えられて、今日の朝を迎えられることは、とても感謝なことではないだろうか。自分の目ですべてを見ることができ、鼻で新鮮な空気を吸うことができ、耳ですべての美しい音を聞くことができ、口で心にある思いを自由に表現することができることは、どれほど感謝なことだろうか。

朝、目が覚めたら愛する家族や隣人に会うことができ、イエス・キリストを自分の救い主だと心で告白することができるなら、それだけで感謝するのに十分な理由になるのではないか。また、私たちの体が問題なく機能を果たしているなら、それもまた感謝する理由ではないだろうか。

このように、じっくり考えてみると、感謝できることは一つや二つではない。人間の心臓は、一日に十万回ほど鼓動する。体内の血液は、一日に約二億七千万キロメートルを流れ、一日にする呼吸の数は二万三千回ほどである。人が努力して心臓を動かし、血液を流しているのではない。肺は、黙っていても休まずに呼吸する。これらすべてのことに、若干の狂いが生じると、それだけですぐにいのちに支障をきたす。人が努力せずに心臓が動き、肺が呼吸をしてくれることは、やはり神様に感謝する理由となる。

電気代を細かく計算してみたことがあるだろうか。我が家の電気代は、一カ月の平均が約四万ウォン（約四千円）で、一年で約五十万ウォン（約五万円）になる。三百六十五日、一日も欠かさずに利用している日光の値段を、料金として計算するとどのくらいになるだろうか。神様が日光の値段を請求書にして渡されるなら、使用量を払える人は果たしてどれほどいるだろうか。

神様が下さる太陽は、光だけでなく適度な温度も与えてくださり、これによって人や動物、植物は生きることができる。しかし神様が下さる日光は、すべて無料である。

病院で人工呼吸器を使うと一日に三十万ウォン（約三万円）かかるという。交通事故などの際に、人工呼吸器をつける場合が多いが、酸素の値段はとても高いのだ。以前知り合いが、三日間の人工呼吸器の使用料だけで百万ウォン（約十万円）ほど病院に支払ったことがある。私たちは、毎日三十万ウォンほどの酸素を無料で吸っている。神様から空気使用料の請求書を見せられたら、家を売っても払うことはできない。一生の間、好きなだけただで酸素を吸わせてもらえているだけでも、十分に感謝の理由になる。

また中東では、ドラム缶一つの水の値段がドラム缶一つの油の値段と同じである。ところが私たちは、水をただ同然で飲んでいる。神様に水代を請求されるかと心配する人がいるだろうか。神様は無料で下さるのに、人が値段をつけているのだ。

考えてみると、私たちにはただで与えられているものが、とてもたくさんある。本当に人生で大切なものは、すべて神様からただで与えられているのだ。

「恵み」ということばは、値なしに与えられるということばだが、私たちのいのちや救い、自然、水や空気、太陽や月や星など、また特別な芸術感覚や生まれつきの性格まで、神様から恵みとしてただで受けている。

それでも私たちは満足せず、もっと得ようと欲を出す。欲の眼鏡をかけた目には、足りないものしか見えない。しかし感謝の眼鏡をかけると、感謝に値しないものはない。どこかで次のような文を読んだことがある。

もしあなたが今朝目が覚めた時病気でなく健康だなと感じることが出来たなら
……あなたは今週生き残る事のできないであろう百万人の人たちより恵まれています。

もしあなたが戦いの危険や投獄される孤独や獄門の苦悩
あるいは飢えの悲痛を一度も経験したことがないのなら……
あなたは世界の五億人の人たちより恵まれています。

もしあなたがしつこく苦しめられることや逮捕拷問
または死の恐怖を感じることなしに教会に行くことが出来るなら……
あなたは世界の三十億人の人たちより恵まれています。
もし冷蔵庫に食料があり着る服があり頭の上に屋根があり寝る場所があるなら……
あなたは世界の七十五パーセントの人たちより裕福で恵まれています。
もし銀行に預金がありお財布にお金があり
家のどこかに小銭を入った入れ物があるなら……
あなたはこの世界の中で最も裕福な上位八パーセントのうちの一人です。
もしあなたの両親がともに健在でそして二人がまだ一緒なら
……それはとても稀れなことです。
もしこのメッセージを読む事ができるならあなたはこの瞬間二倍の祝福を受けるでしょう。
何故ならあなたの事を思ってこれを伝えている誰かがいて
その上あなたは全く文字の読めない世界中の二十億の人々より

ずっと恵まれているからです。

幸せは持っているものに比例するのではなく、感謝に比例する。自分の人生のすべてのことが感謝として感じられれば、それに比例して幸せも大きくなる。

ではどのようなことに感謝ができるのだろうか。お金をたくさん稼ぐこと、持っているアパートの値段が何倍にも跳ね上がったこと、商売がうまくいくこと、良い学校に合格したこと、職場に就職したこと、進級したこと、子どもがよく育っていることなどは、すべて感謝する対象になる。しかし聖書は、このような感謝は誰にもできる感謝だと言っている。

では、私たちがささげることのできる最高の感謝とは何か。

それは、自分を救ってくださった神の恵みに感謝することである。神が私に救いを贈りものとして与えてくださったからだ

「あなたの神、主は、あなたのただ中におられる。救いの勇士だ。主は喜びをもっ

てあなたのことを楽しみ、その愛によって安らぎを与える。主は高らかに歌ってあなたのことを喜ばれる」（ゼパニヤ三・一七）

死から永遠のいのちに移されたことよりも尊く、価値のある贈りものが他にあるだろうか。神様がひとり子イエス・キリストを送られ、私たちのすべての罪を贖ってくださり、絶望の中にいた私たちを希望の中に導いてくださった。

だからこそ私たちは、イエス様の十字架を見上げて感謝しなければならない。これがすべての感謝の基本であり、始まりである。まことの救いの感謝を悟れず、滅びに向かっている人が、どれほど多くの財産があり、名誉を得たとしても、何の意味があるだろうか。

救いの恵みに対する感謝は、決して忘れてはならない、他のどんなものとも比較できない、最初にすべき感謝である。

人生の大きな問題に、今、苦しんでいるだろうか。もしそうなら、原点に戻って贖いの恵みのことを考え、最初の感謝を回復するときである。

完成が遅れるほど、達成感は熟成し

その味は奥深い。

ゆっくりとした人生

未完成であることを、感謝せよ。

21

二十一番目の感謝

九人はどこに

一八六〇年九月、アメリカのミシガン湖で、一隻の遊覧船が暗礁に乗り上げ、沈没するという大惨事が起きた。

船に乗っていた多くの人が湖に投げ出されていのちを落とした。しかし当時、大学の水泳選手だったスペンサーが、全力で十七人のいのちを救い出すという奇跡のような出来事が起こった。マスコミは連日、自分のいのちも顧みずに人々を助けた彼の勇姿を大々的に報道した。

それから長い年月が過ぎたある日、トーレイ博士がロサンゼルスでキリスト教の集会をした。トーレイ博士は説教の中で、ずいぶん前のミシガン湖であった船の沈没事故の話をし、何人もの人を救った若い水泳選手スペンサーの勇気と犠牲の精神を大いに誉めた。

ところがその場所に老人となったスペンサーがいて、博士の説教を聞いていたのだ。博士は説教が終わった後、スペンサーが集会に参加していたことを知り、とても驚いた。

スペンサーに会った博士は、いろいろな話をしながら、彼に次のように聞いた。

「当時、いのちを救われた十七人のうち、何人が感謝を表しましたか」

スペンサーは、軽く微笑みながらこう答えた。

「一人だけです。それも幼い少女が一人だけでした。その少女は、今でも毎年クリスマスには必ず、感謝のカードとプレゼントを贈ってくれます」

自分のいのちを救ってくれた人に感謝するのは当然のことである。しかし残念なことに、現実はそうではない。感謝をすっかり忘れたまま生きている人たちの方がずっと多いのだ。イエス様の時代にも、感謝を知らない人たちがいた。

イエス様がエルサレムに向かって旅をしている途中、十人のツァラアト（重い皮膚病）患者に出会った。

当時、ツァラアト患者は汚れていると考えられていたので、服を引き裂き、髪を乱し、人が近くに来ると口ひげを覆って「汚れている、汚れている」と大声で叫ばなければならなかった。このように完全に隔離され、人としての扱いを受けられずに生きていた。

そのような人たちがイエス様に近寄り、自分たちの病を治してくれるよう強く願った。

するとイエス様は、祭司のところに行って、体を見せるように言われた。祭司がツァラアト患者を診察し、治っていればきよめられたという礼式を行い、村に戻ることができたのだ。イエス様が彼らにこのように言われたのは、彼らの病が治ることを前提としていたからだ。

ツァラアト患者たちは、イエス様のことばを聞いて、祭司に自分の体を見せに行った。ところが行く途中で、彼らは自分たちの病がすでに治っていることに気づき、病がいやされたのを喜んだ。

彼らのうち九人は、病が治ったのがうれしくて、祭司のところに走って行ったが、一人だけが途中で立ち止まり、イエス様のところへ戻って感謝をささげた。

彼は異邦人のサマリヤ人だったが「イエスの足もとにひれ伏して感謝」した（ルカ一七・一六）。自分の体を低くし、ひれ伏してひざをついてイエス様に心から感謝したのだ。

イエス様は、このサマリヤ人に次のように言った。

「十人きよめられたのではないか。九人はどこにいるのか」

そしてイエス様は、感謝した異邦人を喜んでこう言った。

「立ち上がって、行きなさい。あなたの信仰が、あなたを直した（救った）のです」

（ルカ一七・一九）

今、私が持っているものはすべて

実は、私のものではない。

生きている間、しばらくお借りしているだけ。

だから、いつも感謝する心を持って

生きていかなければならない。

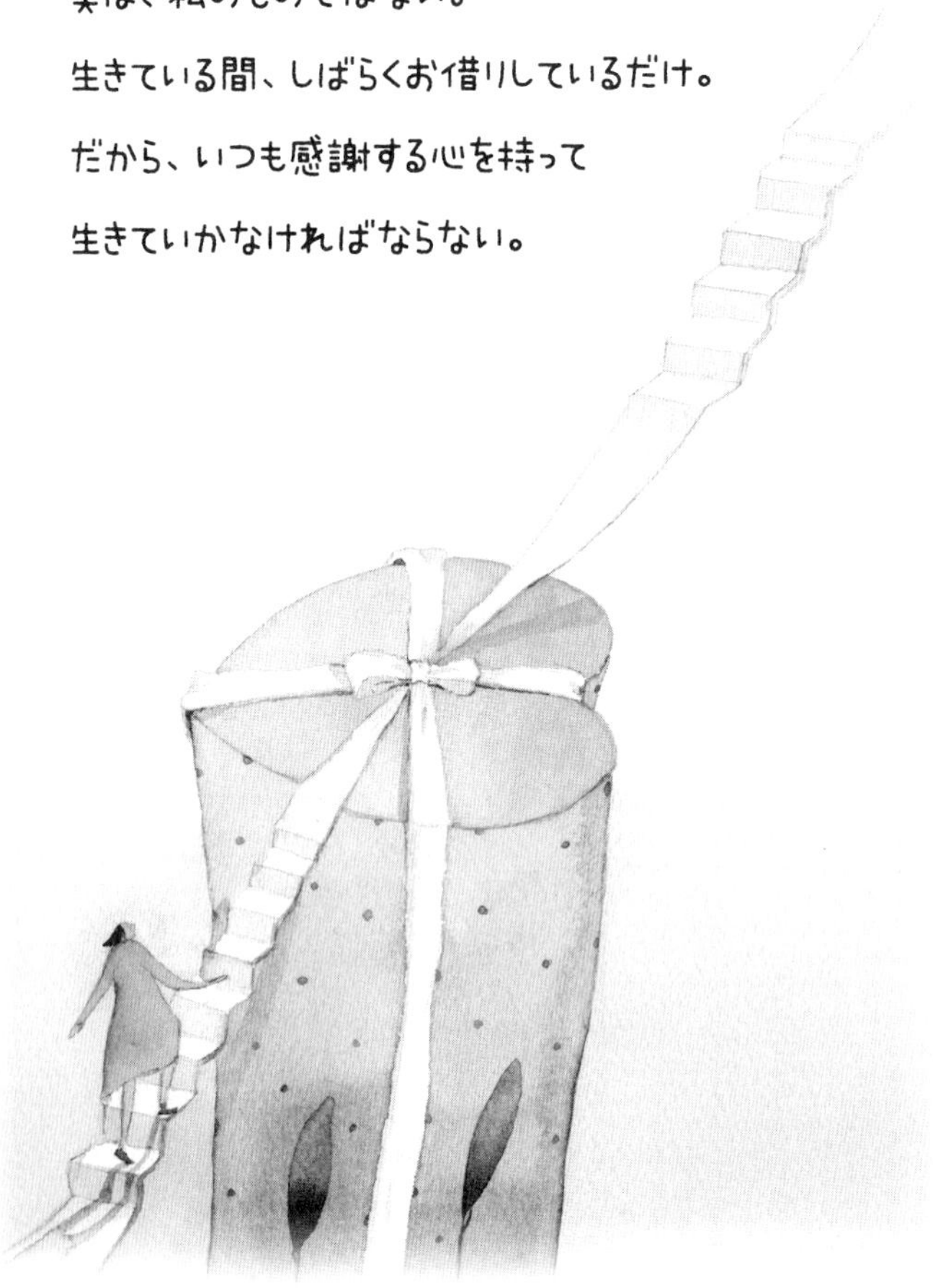

イスラエル人である九人は、肉体の病のいやしで終わってしまったが、イエス様に感謝したサマリヤ人は、魂の救いまで贈りものとしていただいたのだ。

同じ恵みをいただいたのに、なぜイスラエル人とサマリヤ人で、このような違いがあったのだろうか。そこに感謝の秘密が隠されている。

当時、サマリヤ人はイスラエル人から無視され、疎外されていた。彼らは一番低い地位にいた、心が貧しい人たちだったのだ。どう見ても、感謝する理由がない人たちである。

しかし病がいやされたサマリヤ人は、一目散に走ってきてイエス様に感謝をささげた。

私たちはよく、仕事に失敗したり経済的に難しい状況にあるとき、「事業が成功して上手くいっている人たちは感謝できるだろう。しかし私みたいな問題を抱えている者が、どうして感謝することができるだろうか」と考える。

しかし実際はそうではない。上手くいき、成功した人たちが感謝をささげるのではなく、心の貧しい人が感謝するのだ。

富んでいる人が感謝するのではなく、謙遜な人が感謝するのだ。

感謝は、謙遜な人に与えられる神様からの贈りものである。

このように、心から感謝をささげることは、口で言うほどたやすいことではない。私たちはいつも困難に遭うと、生涯、神様だけを信じて従っていくので助けてくださいと願うが、実際に事が上手く運ぶと、その決心はどこかに行ってしまい、元の生活に戻って感謝を忘れてしまうものだ。

そんな私たちの姿は、九人のイスラエル人の姿とよく似ている。十分の一という競争を勝ち抜き、入試や就職に合格したと考えてみると分かる。

九人の中に入ることは簡単だが、十人のうちの、その一人になることはとても難しい。それは信仰生活が長い人も、教会の役員でも、牧師や宣教師でも例外ではない。感謝の生活はそれほど難しいということなのだ。

神様が望む人は、奇跡の主人公ではなく、感謝を知っている人である。

神様の恵みと恵みの間、祝福と祝福の間には、感謝のはしごがかかっている。神様の恵みと祝福を常に受けるためには、竹が節を作りながら育つように、感謝の結び目を作りながら生きなければならない。そうすれば、何倍もの祝福が増し加わっていくのである。

22

二十二番目の感謝

第三レベルの感謝

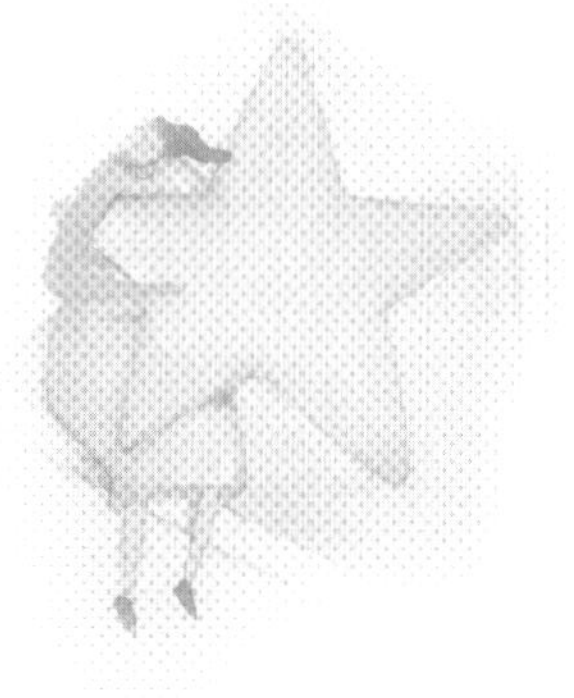

感謝にもレベルがある。

第一レベルの感謝は、条件付き（If）の感謝である。「もし私が他の人よりもっと成功し、より多くのものを所有できるなら感謝します」という感謝だ。しかしこれは、他の人と比較して、常に自分が持っていないものばかりを見て不平を言う、幼い子どもレベルの感謝に過ぎない。

第二レベルの感謝は、何かを受け取ったので（Because）、受け取ったものの一部をささげる感謝である。誰かと比較して自分が相手より恵まれている時、自分が受けたものに対して感謝する段階で、大部分の人がここに属しているのではないかと思う。

最後に第三レベルの感謝は、不幸な体験をして大変でつらかったり、事が上手くいかなくても、それにもかかわらず（In spite of）感謝するレベルで、あらゆる悪条件の中でも、それを神様の恵みとして受け取り、すべてのことに感謝する段階だ。


ある青年が暑い夏の日に、昼食を食べようとして、かなりの距離を歩いてマクドナルドに行った。彼はハンバーガー一つを買い、外に出て日陰にあるベンチに座って汗を流しながらそれを食べていた。

そのとき、一台の自動車が店の前に止まり、一人の女性が降りてきた。彼女はハンバーガーを買い、車に乗っている男性にそれを渡した。

それを見た青年は、羨望のまなざしでその男性を眺めながらこう思った。

「僕にも横で世話をしてくれる秘書がいて、あのように車の中でハンバーガーを快適に食べられたら、どんなにいいだろうか」

しかし車の中でハンバーガーを食べていた男性は、ベンチに座ってハンバーガーを食べている青年をうらやましそうに見ていた。
「私もあの青年のように、足が丈夫でハンバーガーを買うために家からここまで歩いてくることができたら、そしてベンチに座ってさわやかな空気を吸いながら昼食を食べることができたら、どれほど幸せだろうか！」

このように自分にないもの、自分が持っていないものばかりを考えて、他の人と比較して人生を送る人は不幸である。このような人は、第一レベルの人である。第一レベルの人は、他の人と比較して幸せをはかる。

自分にあるものは見えず、いつも子どものように、他の人の手にあるおもちゃを欲しがって不幸を味わう。軽自動車に乗っていれば、中型車に乗っている人をうらやましく思い、中型車に乗るようになると、高級車に乗っている人をうらやましく思い、高級大型車に乗れば、今度は外車に乗っている人がうらやましくなるのだ。

このように欲は尽きることがなく、感謝する心は全く生まれない。またこのような場合もある。一生懸命お金を貯めて、素晴らしいアパートを購入したが、そのすぐ後で親しい友人が自分より広いアパートに住んでいることを知った瞬間、比較意識のために劣等感を持ち、相対的な貧困を感じて悔しい思いをしたりする。

私たちは少しの間だけ自分の手の中にあるものを見て喜び感謝しても、人が自分よりもっと良いものを持っていると知った途端、感謝と幸せが消えてしまうのだ。

このような第一レベルの人よりは、もう少し良い感謝をする人もいる。自分より下の人や、自分よりも不幸な人と比較して、満足感と感謝を見つける人だ。

歩ける人は、病院に寝ている人を見て、車がある人は、車がなくて歩いている人を見て、外車を運転する人は、それより下の車に乗っている人を見て、相対的に自分が誰かよりも優れていることを感謝するのだ。

第二レベルの感謝をする人たちの中でも、単純に人と比べたりせず、神様からいただいた恵みを覚えて感謝する人たちもいる。

しかしそれは、やはり何かをいただいたからするという感謝に過ぎない。もちろん神様は、受けた恵みを覚えて感謝する人を喜んでくださる。

感謝とは、実に皮肉なもの。

本当に感謝しなければならない人は

感謝することを知らないのに

何も持っていない人は

小さなことにも感謝できる。

しかし神様は、私たちがさらに高い段階の感謝に引き上げられることを望んでおられる。

では、まことの高い段階の感謝、すなわち第三レベルの感謝とはどのようなものだろうか。

それは「それにもかかわらず」感謝する段階であり、つらく苦しい状況の中でも感謝することだ。条件つきの感謝ではなく、条件を超えた感謝である。

人間的に見ると与えられたものはなく、むしろ苦しいことが続き、その上すべてのものを失ったとしても感謝することだ。

イギリスに靴を作っている貧しい少年がいた。この少年は、靴を作りながらギリシャ語、ヘブル語、ラテン語を独学し、教会生活も一生懸命していた。後に彼は、宣教師となってインドに渡った。この少年こそ近代海外宣教の父、ウィリアム・ケアリである。宣教ということ自体が、まだなじみのない時代、ウィリアム・ケアリは、宣教のビジョンを胸に抱いて、こう叫んだ。

「神様に、大きなことを期待せよ。そして神様のために、大きな働きにチャレンジせよ」

彼はインドでベンガル語を学んで辞典を編纂し、八年間、骨を折って努力した結果、聖書をベンガル語に翻訳した。聖書を出版するために印刷機を導入し、技術者を呼んで、すべての作業の準備を終えた。

しかしケアリが地方巡回伝道に出ている間に火災が発生し、印刷機と聖書の翻訳原稿が、すべて燃えてしまったのだ。大きな挫折と絶望の波がどっと襲ってきたが、ケアリは落胆しなかった。

彼は灰の山の上にひざまずいて、こう祈った。

「神様、感謝します。あなたは私の翻訳が足りないことをご存じで、もう一度、完璧に翻訳する機会を与えてくださったことを知りました。また始めます。私に信仰と忍耐と勇気を下さい！」

彼は再び翻訳作業に取りかかり、ついに一八〇一年、ベンガル語の聖書を出版し、その生涯で二十四種類のインドの言語に聖書を翻訳、出版した。

ウィリアム・ケアリの感謝のように、問題を前にしても屈することなく、その問題自体を感謝の理由とするのが第三レベルの感謝だと言うことができる。このような感謝をささげる人は、どんな状況でも、すべてのことを神様のみこころとして受け入れ、感謝の理由を見つけることができる。

自分の感謝のレベルは、どの段階だろうか。感謝の水準を高めよう。そうすれば信仰の水準も、ともに引き上げられるのだ。

23

二十三番目の感謝

オールウェザーの感謝

聖書の中で、最高の感謝の人物を挙げるとすれば、旧約ではダビデ、新約ではパウロだと言いたい。その中で一人だけ選ぶなら、私はダビデを選ぶと思う。なぜなら、聖書にはダビデの感謝が一番たくさん出てくるし、彼の人生を見ても、どんな状況にも感謝する姿勢で生きていたからだ。

私はダビデの感謝を「オールウェザーの感謝」と呼びたい。雪が降ろうが、雨が降ろうが、寒かろうが暑かろうが、オールウェザー、どんな天気でもという意味で、彼の感謝はどんな状況でも変わらずにあふれていたからだ。

大部分の人は、ダビデの苦しい生涯よりは、彼が味わった豊かさと平安の人生をまず思い浮かべる。

そのため彼が感謝の詩を数多く作ることができたのは当然だと考えるかもしれない。しかしダビデほど、苦難と逆境の日を送った人物はいない。

エッサイの末の息子ダビデは、兄たちからいじめられ、牧場で羊を飼っていた。預言者サムエルが訪ねて来るまでは、ただの羊飼いに過ぎなかった。しかし預言者サムエルによって油注ぎ（任命）を受け、イスラエルの王として選ばれた瞬間から、その人生は逆転した。

しかしダビデは、完全に王の地位につくまで、十年以上の間いばらの道を歩かなければならなかった。彼は嫉妬心にかられて自分を殺そうとするサウル王から逃げ、アドラムのほら穴や荒野、隣国にまで身を隠し、逃亡者として生きなければならなかった。

自分のことを知っている人に出会うと、気が狂った振りまでして、危機を逃れたこともあった。

王になってからも、息子アブシャロムが反逆を企て、長い間息子に追われることになる。このようなひどい逆境と苦難の中でも、ダビデは自らをよく治め、日々祈りと感謝をもって神様に拠り頼んだ。

ダビデがサウル王から逃げ、アドラムのほら穴の中に隠れていたときに書いた詩を見ると、最悪の瞬間にも神様に珠玉の感謝の詩をささげていたことが分かる。

「主に感謝せよ。主はまことにいつくしみ深い。その恵みはとこしえまで」（詩篇一三六・一）

「主は私たちを敵から救い出された。その恵みはとこしえまで」（詩篇一三六・二四）

「感謝しつつ、主の門に、賛美しつつ、その大庭に、はいれ。主に感謝し、御名をほめたたえよ」（詩篇一〇〇・四）

「主に感謝して、御名を呼び求めよ。そのみわざを国々の民の中に知らせよ」（詩篇一〇五・一）

「主よ。私は国々の民の中にあって、あなたに感謝し、国民の中にあって、あなたにほめ歌を歌いましょう」（詩篇五七・九）

神様から、「わたしの目にかなう」という最高の賞賛をいただいたダビデが、どんな状況でも、どんな天気でも感謝をささげることができた秘訣は、彼の心の姿勢にあったことを知らなければならない。

ダビデは最悪の状況でも、自分は神様のしもべであると考え、限りなくへりくだった心ですべてのことに感謝する姿勢を見せた。

ダビデは、神様に自分の人生を喜んでささげた。彼は王となった後、神殿に入って祈り、自分の人生をふり返りながら、貧しい家の羊飼いだった自分が神様のしもべとして呼ばれたという事実を悟ったのだ。

「ダビデ王は行って主の前に座し、そして言った。『神、主よ。私がいったい何者であり、私の家が何であるからというので、あなたはここまで私を導いてくださったのですか』」（一サムエル七・一八）

「ああ、主よ。私はまことにあなたのしもべです。私は、あなたのしもべ、あなたのはしための子です。あなたは私のかせを解かれました」（詩篇一一六・一六）

「私はあなたのしもべです。私に悟りを授けてください。そうすれば私は、あなたのさとしを知るでしょう」（詩篇一一九・一二五）

ダビデは、小さな羊飼いであった自分を呼ばれ、油を注いで王としてくださり、杉材の王宮に住まわせてくださった神様の恵みを考えるとき、感謝せずにはいられなかった。

人間にとって、一番大きなのろいは

「渇き」ではなく

感謝する心が起きてこない

「干からび」だ。

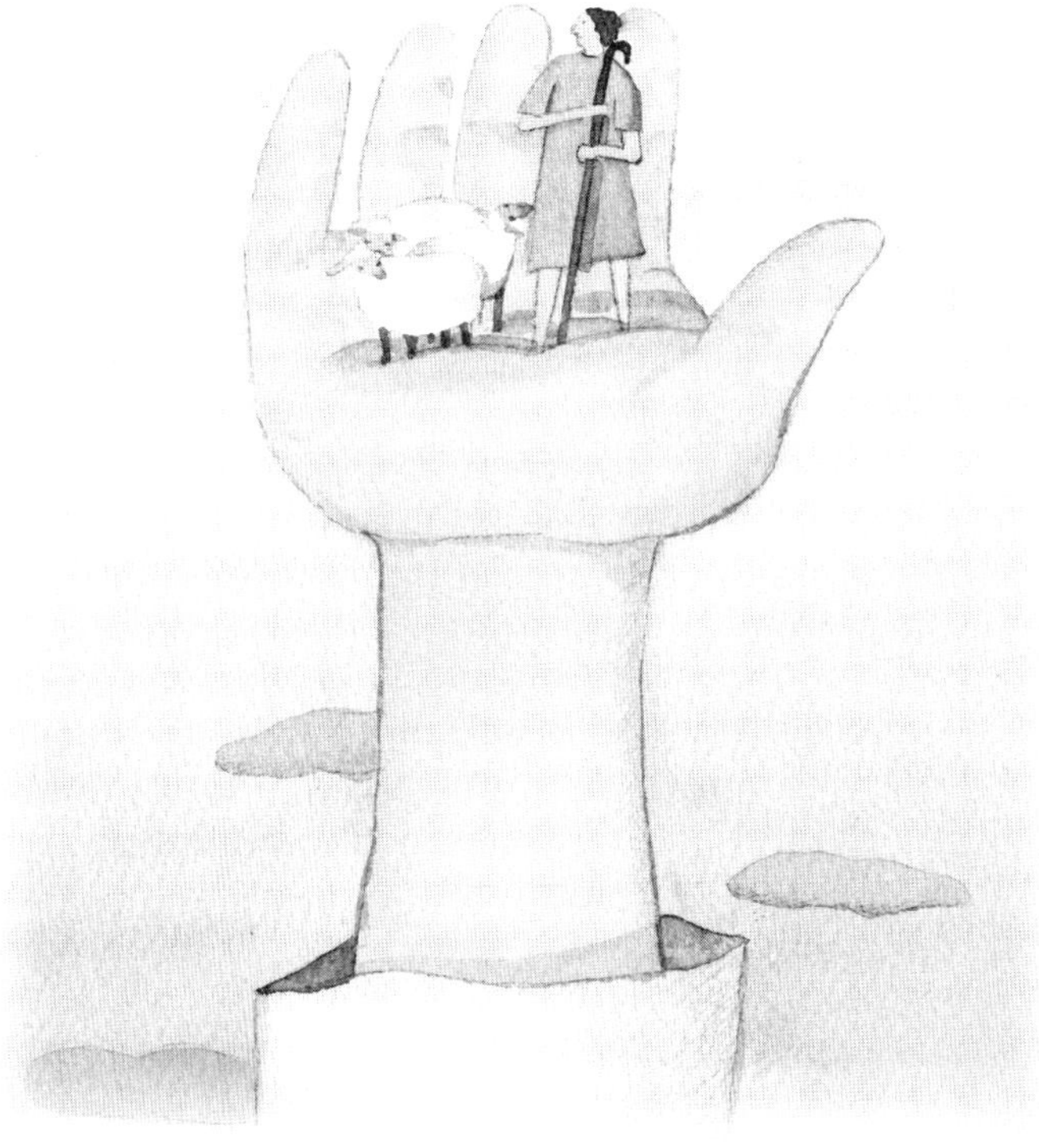

「主が、ことごとく私に良くしてくださったことについて、私は主に何をお返ししようか……私は、自分の誓いを主に果たそう」（詩篇一一六・一二、一四）

ダビデは受けた恵みをいつも覚え、自分に与えられた恵みをどのようにお返ししようかと、神様の前に謙遜にひざまずいた。苦難のときには不平を言い、万事が思い通りに行くときには高慢になるのが人間の心であるが、ダビデは成功したときも、すべてのことを成し遂げてくださるのは主であると告白している。

ダビデが神の箱のことを思い起こしたのは、神様の恵みに対する感謝によるものだ。後に、神殿建築のために自分のすべてのものを惜しみなくささげたのも同じである。ダビデが王として即位するまで、神様の臨在の象徴である神の箱は、キルヤテ・エアリムのアビナダブの家に放置されていた。これは、イスラエルの民の心が神様から遠く離れていたということを表す。

ダビデは神の箱がエルサレムの町に移されたとき、喜びを隠すことができず、子どものように喜んだ。

王であったが、ダビデはうれしさのあまり、体面も考えずに喜び踊った。ダビデは神の箱が運び込まれたことを喜び、夢中で踊り、ズボンのすそがめくれ上がることにも気づかなかった。王服も脱ぎ捨て、平民たちが着る麻の服を着ていた。

これが、神様の前のダビデの姿勢だった。

人間的な身分をすべて横に置き、子どものように、しもべのように自分を低くし、神様だけを喜び、感謝するダビデの心が、オールウェザーの感謝を可能にしたのだ。自分をしもべと考え、へりくだった人に感謝できないことなどあるだろうか。自分のためにいのちを下さったイエス様のために、感謝できないことなどあるだろうか。

ダビデは感謝の絶対基準を、王の身分からしもべの位置にまで引き下げ、知恵をもって感謝の表し方を身につけた。だからこそ彼は、感謝の容量を無限大に広げ、どんな天候においても感謝できる人となったのだ。

大きな苦難と試練を勝ち抜いた人ほど、並外れた困難や苦痛に恐れたり落胆したりせず、むしろ小さなことに感謝するという知恵を発揮する。

神様の目にかなう者という素晴らしい呼び名をもらったダビデのオールウェザーの感謝は、私たちが見習わなければならない人生の知恵ではないだろうか。

感謝する人とは
残っているものを見ることができる目を
持っている人のこと。

冬 Winter

感謝とは、ふんわりと枝に咲いた
きれいな雪の花のようなもの

二十四番目の感謝

毎日遠足に行く人生

成功した人のことを詳しく調べてみると、自分の働きを大切にし、情熱とチャレンジを持って臨み、どんな状況にも感謝する心を持っているという共通点を見いだすことができる。

したくもない仕事を嫌々するのではなく、楽しく喜びながら働いていると、ある瞬間、仕事と一つになるのだ。仕事を楽しむ彼らは、毎日、わくわくした心と軽い足取りで自分の職場に向かう。

ヒュンダイグループの故ジョン・ジュヨン会長は、生前、次のように言ったそうだ。

「私は、毎日会社に出勤するとき、遠足に行く気分で出かけます。仕事をしに出かけるのではなく、遠足にいく日のように、楽しい心と希望を持って、その日の働きを思い描いてみるのです」

するとと記者が質問した。

「では会長。頭を悩ませることがたくさんある日も、遠足に行くような楽しい心で出かけることができますか」

ジョン会長の答えは、傑作だった。

「頭を悩ませる難しいことが山積みになっている日は、それが解決したときの喜びを思い浮かべながら、会社に出勤します」

世界一の富豪であるビル・ゲイツ氏も、やはり同じようなことを言っている。

「私は、世界で一番楽しい職業に就いています。毎日仕事をしに行くことが楽しくて、感謝しかありません。なぜなら私の職場では、新しいチャレンジと機会と学ぶべきことが、常に私を待っているからです」

成功する人は、仕事に対する情熱と感謝を持っている。それは彼らが会社のCEOだからではない。自分の仕事を感謝し、楽しめる人は、どんなにつまらない雑用でも幸せに感じ、ついにその仕事で成功するのだ。ここで言う成功とは、必ずしも高い地位に上り、お金をたくさん稼ぎ、権力を握るようになることではない。仕事を通して幸せになるという意味である。

自分の仕事に感謝してその働きを楽しむと、良いアイデアが浮かび、人々の愛と歓迎を受け、認められるようになるものだ。すると、後のものはついてくる。

ブラザー・ローレンスとして多くの人に知られるニコラス・ハーマンは、まだ若い十代の頃に戦場に行き、負傷して足が不自由になるという不運に見舞われた。その後、いろいろな仕事をしたが、五十歳を過ぎてカルメル修道院の厨房の仕事に就いた。

彼は足が不自由であったにもかかわらず、悲観することなく最善を尽くして厨房の仕事をした。心を込めて食事を作り、台所は小さな天国だと考えながら働いた。また、自分が作った食事を修道士たちがおいしく食べる姿を見ながら、いつも感謝していた。

「神様。私のように足りなくて、料理の腕前も未熟な者を、尊い天使たちに仕えるようにしてくださって感謝します」

どんなに小さな仕事も、使命感をもってするなら大切な仕事になると信じていた彼は、おかずやスープを作り、お皿を磨き、台所を掃除することが、多くの信徒たちの前で説教する働きと少しも変わらないと考えていた。

そして二十年あまりの月日を、いつも感謝する心で厨房で働いた。

すると驚くべきことが起こった。修道士たちが、だんだん彼を尊敬するようになり、後に彼を修道院の院長候補にまで推薦したのだ。一般の修道士は、院長候補になることができないのが原則であったにもかかわらずである。ついに彼は、修道士たちの熱烈な支持により、院長の座に就いた。

実際に人間的に見れば、彼には自慢できることなど何もなかった。教育も全く受けておらず、足は不自由で、家庭も持っていなかった。

しかし、毎日山のように積まれている台所の仕事をしながら、明るく微笑み「私の人生は、ただ感謝と幸せです」と言っていた。

このように、感謝と幸せで毎瞬間を生きていたブラザー・ローレンスは、ある日、国王ルイ十二世の訪問を受けた。修道院を訪問した国王は、彼に幸せの秘訣を尋ねた。するど、彼はこう答えた。

「陛下。幸せの秘訣は、仕えながら感謝することです」

このように、働きながら感謝できる人生は、毎日遠足に行くような楽しい人生になる。

シカゴにいたとき、時々、家族と一緒に博物館や美術館に行った。そこには、中学校や高校の教科書で見るような作品がたくさん展示されており、展示会もよく開かれていて、有名な画家たちの作品を簡単に見ることができた。

美術館でピカソ、レオナルド・ダ・ヴィンチ、ミケランジェロ、ゴッホ、ゴーギャン、ルノワール、モネ、ミレーなど、世界的に有名な画家の作品を自分の目で直接見たときの衝撃は、本当に大きかった。私は絵を描くことができないが、絵を通して感じる感動が並外れたものだったからだ。

多くの名画の中でも、私の目を引いた作品は、やはりミレーの「晩鐘」だった。私が田舎の出身のせいか、広い畑で素朴な身なりの農夫の夫婦が祈っている晩秋の風景は、見覚えのある懐かしいものだった。

今でも私は、仕事と人生を結びつけるとき、ミレーの「晩鐘」を思い浮かべる。絵の中の主人公たちのように、労働と信仰が一つになっている姿は、私が夢見る人生の姿でもある。

ミレーは、農村の風景と働く農夫だけを好んで描いた画家であるが、そのすべての作品の中には、いつも労働と信仰が良い調和をなし、謙遜と敬虔、感謝と愛がにじみ出ていて、それを見る人は穏やかな信仰を感じることができる。

「晩鐘」に描写されている風景は、聖書の中のボアズとルツの美しい愛を連想させる。赤く染まった夕焼けの広い野原で、疲れた手を止め、静かに祈る若い夫婦の謙遜な姿と、遠くの礼拝堂と塔の間に広がる夕焼けは、実に印象的だ。

夜の礼拝の始まりを知らせる教会の静かな鐘の音が小さな村に鳴り響き、一日中収穫をしていた若い夫婦は仕事を終え、静かに頭《こうべ》を垂れて祈りをささげる。

私の感謝

北漢山《ブッカンサン》のふもとにある書斎
「感謝書房」にとじこもり
つたない文章を書く。

感謝の木（けやき）の下の岩に腰をかけ
青い空にふんわり浮かんでいる雲と太陽を眺め
カサ サギを友とし
静かな小道を散歩する。

これだけで、私は幸せで
神様に、たくさん感謝できる

「神様。今日も一日神様のために汗を流し、働くことができるように助けてくださったことを心から感謝します！」

彼らが一日の日課を終え、敬虔に頭を下げて祈っている場面を思い浮かべると、仕事場や生活の現場で心から感謝する者の姿とは、このようなものだろうと考える。

私は仕事のことを考えるとき、毎日遠足に行くように楽しい心で職場に向かうことを想像する。のり巻きと水筒を持って遊びに行く遠足ではないが、楽しい心で素敵な遠足に出かける。

仕事は遊びではないが、遊びのように文章と格闘し、本と友だちになり、一日楽しい時間を過ごそうと努力する。

業務時間に会社員が事務室で仕事をした後、休憩時間になるとコーヒーを飲むように、私も集中して文章を書くのに疲れると、田舎の小道を散歩しながら、澄んだ空気を吸って、少しの間、休息を楽しむ。

かつてゴーリキーは「仕事が楽しみなら、人生は極楽だ。仕事が義務なら、人生は地獄だ」と言った。

刑務所と修道院の生活は、外から見ればあまり違いがないように見えるが、中に入ると全く違う。質素な食事、固いベッド、劣悪な環境など、すべて似ているようでも、悔い改めを知らない囚人たちは不平と要求を言いながら一日が過ぎ、修道士たちは感謝と賛美で一日を過ごす。

同じ元素である炭素からできている石炭とダイヤモンドが全く違うように、同じ環境でもダイヤモンドのような宝石の一生を送る人もいれば、燃え尽きて使い道のない石炭のような人生を送る人もいる。

結局、自分の仕事を価値のある大切なものとするのは自分自身なのだ。自分がしている仕事を感謝して生きる人生には、より多くの実が豊かに実り、そうでない人のところには、アザミととげだけが生い茂るのだ。

自分の職場を大切に思い、感謝する人だけが、仕事の喜びを通して幸せと生きがいを経験することができる。

自分の働きの地境を広げる成功のカギが、感謝であることを忘れないことを願う。

二十五番目の感謝

韓国生活で感じる感謝

約八年間のアメリカ生活を整理して、韓国に帰ってきた後、感謝することを一つ一つ思い起こしてみると、感謝することは限りなくあった。世界中いろいろな所に行ったが、韓国ほど狭い国土でありながら、山や海や川、すべてを持っている国はない。韓国で生活しながら、以前はまるで感じなかった感謝のリストがあふれてきた。

まず、食べものに対する感謝だ。

アメリカ生活をしていたときは、においに対する気遣いがあった。そのため外出するときには、いつも注意深くなり、韓国の食べものを自制することが私にとっては大きな苦痛だった。韓国料理を食べた日は、においを消すために特別気を遣わなければならないことも多かった。

親しい友人の牧師は、キムチのにおいのために、図書館に入ることができなかったというとんでもない経験もした。料理の味も韓国で食べる味をそのまま出すことができず、残念に思ったこともあるが、外国で自分の国の料理が食べられるということだけでも慰めだと思いながら過ごした。

子どもたちが夏休みを迎えたので、執筆のための資料収集を兼ねて、二週間ほどアメリカの南部地方に旅行したことがあった。その間、韓国料理を全く食べることができなかった。私にとっては、ほぼ拷問に近い時間だった。どれほどつらかったかというと、旅行から帰ってきてからハンバーガーやピザ、サンドイッチなどを見ることさえ嫌になったほどだった。

韓国に帰るために、住んでいた家を整理していた数カ月間は、家で韓国料理をほとんど食べることができなかった。家にしみ付いたキムチやテンジャン味噌のにおいを取り除くために、毎日コーヒーをいれて、コーヒーの香りが家中に行き渡るようにした。

韓国に帰ってきて一番感謝なことは、韓国の風味豊かな愛情あふれる料理を好きなだけ食べることができるということだ。キムチチゲやテンジャンチゲなど、それまでにおいを気にして食べられなかったすべてのものを、思い切り食べることができることに、どれほど感謝したか分からない。においが充満する納豆みそ鍋を作って食べても、文句を言う人が誰もいないのが不思議なほどで、ただただ感謝だった。自分の口に合う食事を、気にせず好きなだけ食べられるということは、どれほど感謝なことだろうか。

第二に、自然に対する感謝だ。

私が住んでいたアメリカ、イリノイ州のシカゴ地域は、高層ビルと公園が多く、ミシガン湖もあり、屈指の美しい都市だった。しかし残念なことに山がなかった。イリノイ州は、韓国ほどの面積だが、南山《ナム》（ソウル市の真ん中にある小さな山）ほどの山はおろか、子どもたちが遊べる丘ほどの山さえない。州全体が限りなく広がる広大な平地なのだ。そのため、少し息苦しい気持ちになるたびに、近くに南山ほどの山が一つでもあれば良かったのにと、いつも残念に思いながら八年の月日を過ごした。

韓国に戻ってきて、目を上げれば四方に山が見えることが不思議に思える。私が住んでいる地域からは北漢山《ブッカンサン》が見え、その前後には名前も知らない山々が並んでいて、四方を幾重にも取り囲んでいる。私の書斎「感謝書房」は、北漢山の絶景が一目で見渡せる所にあり、山の威厳の前に、ただ感嘆しつつ過ごしている。

少し前、親しい友人の牧師家族と私たち夫婦で、一緒に北漢山に登った。さわやかな空気に土のいい香り、松の葉の間から吹くそよ風が額や胸をなで、久し振りに流した汗をぬぐってくれた。山に登るにつれ、体は疲れたが気分は爽快だった。頂上から眺めるソウルの街は、思ったより広く美しかった。頂上にしばらくいたが、山は私の耳元に風の音を通して、こう語っているようだった。

「もっと遠くを見て人生を生きなさい。目の前だけを見てはいけない。それに頂上は、長くとどまれる場所ではない。下に下りていく人生を学びなさい」

山が私にくれた何よりも尊いプレゼントだった。私は山の上で、それまでこの世の中でたまった体の老廃物をきれいに洗い流し、澄んだ新鮮な空気をいっぱい満たして山を下りた。

山に登って自然を思いきり楽しむと、詩人エマーソンの詩がふと思い浮かんだ。

「目の前に咲いている美しい花と、香り良く美しい草と、鳥たちの歌、星の歴史と、私たちが見聞きする、すべての美しいものを下さった主に感謝します。澄んだ小川と、青い空、大きな木の枝の下で休むのに最適な日陰、さわやかな空気と涼しい風と、きれいな花を咲かせる木を下さった主に感謝します」

第三に、自転車だ。

私はおもに、自転車を交通手段として用いている。韓国に戻ってきて最初に購入したのが自転車だった。

朝と夕方、私はこの自転車を通勤に使っている。書斎である「感謝書房」までは、歩いて二十分ほどかかるが、自転車なら五分もあれば着く。自動車を利用しても自転車より速くはない。むしろ歩いていくより時間がかかることもある。

そのため、私は寒い日や雨や雪の日を除いては、ほとんど徒歩か自転車で通っている。

実際、韓国に戻って一年以上車を購入しなかった。それどころか一生購入しないとまで思っていた。公共の交通機関もあり、家も駅に近いところにあるため、車の必要をそれほど感じなかったのだ。

しかし義理の兄が、しばらく外国生活をしていた妹家族が車もなく生活しているのをかわいそうに思ったのか、新しい車に替えるからと言って、自分が乗っていた車を譲ってくれ、車を所有することになった。

車をもらって何カ月かたったが、走行距離はまだ、一〇〇キロメートルにもならない。駐車場に止まっている車は、自分を利用してくれるのを期待して私を見ている。

「待っていなさい。子どもたちが休みになれば、国内を回りながら思い切り使ってやるから」

すべてのことに感謝する心を持っているなら

今、私がいるこの場所が

まさに天国だ。

それほど私は自転車を愛用している。自転車で通いながら、たくさんの感謝をする。自転車に乗って通学した中学校、高校時代の香りが思い出されてうれしく、自転車に乗って通うと十年は若返ったようでいい気分だ。足の筋肉も青年の頃のように太くがっしりとしてきて、健康も維持でき、自信も出てきた。

景色の良い所を見て回るので、自転車専用道路を通ることはあまりないが、普通の人たちの情にあふれた生活が染み付いている町の小道を、あちらこちらと通り過ぎるたびに、故郷の田舎道を通っているようで、温かい気持ちになる。

最後に、韓国生活で感謝なことは、両親や兄弟たちと頻繁に会えるということだ。

遠くに離れていて一番気にかかっていたことは、両親と頻繁に会えないことだった。家族に何か大きな問題が起こっても、兄弟たちと電話でしか話すことができないということは、一番もどかしいことだった。

父が狭心症の手術をしたときや、義理の母が股関節の手術をしたときも、電話で状況を確認するしかなかったため、ことばでは言い表せないほど心配した。それだけでなく、祭事のときに両親を訪ねることができないことは、長男としてさらに申し訳ないことだった。

こうして韓国に戻って両親や兄弟たちに頻繁に会え、いつでも簡単に連絡を取り合うことができるようになり、どれほど感謝なことか分からない。田舎に住んでいる両親は、私たち家族が韓国に戻ってきてから、ソウルに頻繁に上京するようになった。それも季節ごとに収穫したものを持って何度も来てくれる。

一つでも多く与えたいと思う両親の愛を考えると、ただただ感謝するのみだ。

両親がそばにいるということが、どれほど感謝なことなのかは、外国に住んだことのある人だけが感じることのできる感謝だ。姉と弟の家族が仁寺洞《インサドン》で飲食店をしているのだが、時々訪ねて食事をしたりお茶を飲んだりしながら一緒に過ごしていると、

「幸せで感謝だなあ」とつくづく思う。

両親と兄弟たちが近くに住んでいるということは、韓国に再び戻って感じる特別に感謝していることだ。

韓国に住んで楽しむことのできる感謝を探してみると、一晩中数えても足りないだ

ろう。韓国は美しい国だ。韓国人として生きているということだけで、自負心と誇りを持つことができることも、感謝なことではないだろうか。

二十六番目の感謝

おいしい感謝

少し前のことだが、田舎に住んでいる両親が一年の農作業を終え、新米五袋と唐辛子、なす、さつまいも、じゃがいも、かぼちゃ、そしてキムチを持ってソウルにやって来た。一年間、汗を流しながら苦労して作った農作物を分けてあげようと、車に積んで運んで来たのだ。

両親が汗水流して育てた農作物を見ると、胸が熱くなってきて、返すことのできない大きな両親の愛に涙をこらえた。

両親には、ただ涙が出るほど感謝するだけだ。そんな両親が畑で流した汗を考えながら、米一粒の大切さを改めて考えてみた。

私たち家族は、食事のたびに感謝の祈りをささげる。イエス様も食事のときに、感謝の祈りをささげた。五千人に食物を与えたときも、わずかな量の食べものを前に置き、神様に感謝の祈りをささげ、日々の糧のために祈りなさいと教えられた。これを見ると、食事の祈りがとても昔からあったことが分かる。

ユダヤ人たちは、タルムードで感謝を教えるとき、食事を例に挙げるそうだ。人が一回の食事で食べるパンができるまで、畑を耕して種を蒔いて農作物を育てて刈り入れ、脱穀した後、粉にして小麦粉を作ってから生地にするなど、およそ十五段階を経るという。そのような苦労をして、やっとパンを食べることができるのだから、感謝の祈りをささげるのは当然のことだと教えるという。

私たちの祖先も、漢字の「八」と「八」を合わせた「米」という字を書いて、米一粒が食卓に上るまで、農夫の手が八十八回もかかっているという意味を教えた。米一粒が作られるまでには七カ月という長い期間がかかり、米一粒が生産されるまで、農夫がどれほど汗を流しているだろうか。私たちの祖先は、農夫たちが丹念に作っていたのを知っていたので、米一粒も粗末にしてはいけないと何度も強調したのだ。

しかし最近はどうだろうか。食べものが余ることが問題となり、残ったら簡単に捨てるのが当たり前になっている。食べものの浪費が日常化し、そこに込められた農夫たちの真心や苦労は、だんだんと忘れ去られていくばかりだ。

しかし米一粒作るとき、農夫がどれほど苦労をしたといっても、神様の恵みには比べられない。

収穫した実りのうち、天然の恵み（神様）が九十六パーセント、人口の恵み（農夫）が四パーセントだという話がある。農夫たちの労苦を過小評価するわけではないが、神様の助けなしでは、農夫たちの労苦も無駄になってしまうということだ。

太陽の日差し、水分や風や露、これらすべては神様が下さる祝福だ。農業をするとき、必ず必要な四つの要素は、土地、種、水、日光である。このうち一つの要素が欠けても、農業はできない。これらの要素は、すべて神様が下さるものであり、人間が苦労したからといって得ることができるものではない。

神様が土地を下さり、神様が種を作ってくださり、神様が適度な雨と日光を下さらなければ、農業を行うことはできない。

だから私たちは、祈るたびに神様に感謝しなければならない。たとえ自分が苦労して畑を耕したとしても、自分が苦労して得たお金で食べものを買ったとしても、すべての必要な食べものは、神様が下さった実なのだ。だから私たちは、すべてのものを与えてくださる神様に感謝をささげなければならない。


昔、珍しい食べものを好むグルメの王様がいた。ある日、王様がおいしいものを食べた後、感嘆してこう言った。

「今まで食べた料理の中で、最高の味だ。この素晴らしい料理を作った調理師に褒美を与えよう」

調理師は、王のことばを聞いて謙遜に答えた。

「王様。おほめいただき、ありがとうございます。しかしこの料理は、私の技術が良いからではなく、良い野菜のおかげでおいしいのです。褒美なら、新鮮な野菜を売ってくれた八百屋に与えてください」

王は彼のことばを聞いてその通りだと思い、すぐに八百屋を呼んだ。王宮に呼ばれた八百屋は、王の賞賛を聞き、びっくりして言った。

「王様。私は野菜を売っているだけです。褒美を受ける人は、野菜を真心込めて作っている農夫です」

次に、野菜を作った農夫が呼ばれた。農夫もやはり、自分が作った野菜が世界で一番おいしいということばを聞いて、どうしたらよいか分からなかった。

「王様。私はただ種を蒔き、野菜をよく手入れしただけです。時にかなって雨を降らせ、日光を与えて育ててくださった方がいらっしゃらなければ、私は何も収穫することができなかったでしょう」

そうだ。すべての感謝は神様が受けるべきなのだ。神様が下さったのだから、当然神様に感謝をささげるべきなのだ。

感謝して食事をする人と、そうしない人では、どのような違いがあるだろうか。アメリカ人の医師ジョン・ジャーウェンが、感謝の祈りをして食事をする人と、そうでない人では、健康に違いがあるという事実を発表したことがある。彼が発表した三つの効能は次の通りである。

食事のたびに感謝する人には、

一つ、疾病を予防し、免疫機能を向上させる不思議なワクチンが出る。

二つ、疾病の進行を抑制し、病原菌の侵入を防ぐ抗毒素が生じる。

三つ、一種の防腐剤成分として、胃腸内にある食べものが腐敗したり発酵するのを抑制する成分であるアンチセプチンが作られる。

不思議なことに、私たちが感謝して食事をするとき、私たちの体が先に反応し、有益な分泌物を生み出すとは、驚くべきことだ。感謝せずに食べるごちそうより、麦ごはんにキムチだけでも、感謝して食べるときには、それが体に良い薬となるという事実に、感謝の力を改めて実感させられた。

食卓での感謝の祈り

愛する神様！
日用の糧を与えてくださり感謝します。

この食事を食べて
体が健康で、信仰がさらに成長し
日々、聖霊に満たされた生活ができますように。

食事のたびに心を込めて料理をする
妻の手を祝福し
私たちの倉が枯れないようにしてください。

この食事の時間が
食べものを食べるだけの時間ではなく
幸せと愛を分かち合って食べながら
互いに力を得て
一つになる祝福の食卓となりますように。

イエス様のお名前によってお祈りします。アーメン

二十七番目の感謝

四重奏の感謝

この世を救うため、人間の姿をとって来られたイエス様は、短い公生涯の中で感謝とは何かを実際に見せてくださった。

イエス様は、感謝を受けるべき方であったにもかかわらず、一言も不平を言わずに、受ける必要のない苦痛と死をすべて耐え忍ばれ、感謝の人生を送られた。

生涯を通して感謝を実践されたイエス・キリストの生涯の中で、私は大きく四種類の感謝を学んだ。イエス様の四種類の感謝は、まるで室内楽の四重奏のように美しい旋律を奏でている。

一　あるものに感謝せよ

五千人の給食の奇跡は、誰もがよく知っている。イエス様は、自分についてきた五千人を食べさせる前に、「どこからパンを買って来て、この人々に食べさせようか」（ヨハネ六・五）とおっしゃった。そしてアンデレが「ここに少年が大麦のパンを五つと小さい魚を二匹持っていますが、それが何になりましょう」と、どうしようもないと言うように否定的な反応を見せた。

少年の弁当である大麦パン五つと二匹の魚で、大勢を食べさせることは不可能なことだった。しかしこのような困った状況で、イエス様はどのような反応をされただろうか。

たとえ少しの食べものであったとしても、イエス様はあるものをまずご覧になり、それを手に取り感謝された。イエス様は、「他にもっとないだろうか」と尋ねることはされなかった。少ししかなかったとしても、何よりもまず感謝をささげたのだ。

イエス様がわずかなものを置いて感謝をささげたとき、驚くべきことが起こった。大人の男性五千人が食べても、十二の籠に余るという奇跡が起こったのだ。

人は、自分が持っているものは見えず、他の人が持っているものばかり見るため、感謝できず、比較して不平を言うようになる。

大きなもの、良いもの、多くのものばかりを望んで、小さくて細かいもの、平凡なものの大切さは見えない。

小さなものを感謝して大切に思う心があれば、感謝の実を結ぶということをイエス様の感謝から学ぶことができる。

二　失敗の中にも感謝を忘れるな

イエス様は伝道旅行で失敗するという苦い経験をされた。一生懸命福音を伝えたが、返ってきたのは侮辱と蔑視だった。苦労に比べて実がとても少なかったのだ。

イエス様が一番力を入れて伝道した町の人々がイエス様を受け入れず、むしろ拒絶したときは、「不幸なコラジン、不幸なベツサイダ。おまえたちのうちで行なわれた力あるわざが、もしもツロとシドンで行なわれたのだったら、彼らはとうの昔に荒布をまとい、灰をかぶって悔い改めていたことだろう」（マタイ一一・二一）と叱責され、ため息をつかれたこともあった。

しかし、このような状況でも、イエス様は感謝をささげられた。


「……父よ。あなたをほめたたえます。これらのことを、賢い者や知恵のある者には隠して、幼子たちに現わしてくださいました。そうです、父よ。これがみこころにかなったことでした」（マタイ一一・二五～二六）

大人たちには拒絶されたが、子どもたちがイエス様を受け入れたことが、感謝の理由だった。大きな比重を置いて苦労したことが思い通りにいかず、胸が痛くはあったが、わずかに残った恵みにより、子どもたちが福音を受け入れたことを感謝したのだ。

そしてすべてのことが、父なる神様のみこころの中で行われていることであり、あらゆる結果も神様のみこころであると認められたのだ。「そうです、父よ。これがみこころにかなったことでした」と。

私たちは時々、大きな失敗を経験して、思い通りにいかないと怒ったり、挫折したり落胆したりする。

しかし失敗と苦痛の中にも感謝できることを探すなら、神様は必ず、二倍の恵みを下さる。

三　悲しいときにも感謝せよ

イエス様は、ラザロの墓の前で感謝した。イエス様は、ラザロが死んでから四日たってから墓に到着した。すでにラザロの墓には死臭が漂っていた。イエス様はラザロの死を悼んで、悲しみの涙を流した。

そこにいた人にとって死は、すべてのことが終わってしまったという絶望を意味した。墓をふさいでいる石は、生きている者と死んだ者とを分ける垣根であり、絶対に生きて帰ることのできない永遠の橋を意味していた。
悲しみと悼みがあふれる場所では、私たちは何と言えばいいか分からず、慰めのことばを注意深く伝えるものだ。しかし、このような状況でイエス様は、ラザロの墓の前に行き「その石を取りのけなさい」（ヨハネ一一・三九）と言われ、思いがけない祈りをささげた。
「父よ。わたしの願いを聞いてくださったことを感謝いたします」（ヨハネ一一・四一）
イエス様は、死という絶望的な状況は横に置き、まず「神様。感謝します」で始まる祈りをしたのだ。イエス様の感謝はあまりにも常識から外れたものだった。喪中の家でタブーとされている「感謝」ということばを、ためらうことなく使われたのだ。死の後に復活があり、死の後に永遠のいのちがあり、死の後には神様がおられるので、悲しいことはないとイエス様は知っておられたのだ。

四　十字架に感謝せよ

イエス様は、十字架にかかられる直前の最後の晩餐の場でも感謝をささげられた。

三十三歳で生涯を終えるということは、普通ならとても胸の痛いことではないだろうか。自分の死を知っていたら、そのような状況で感謝の思いが出てくることなどないだろう。死の事実を受け入れることさえ簡単ではないはずだ。

もし私たちが、十五時間後に死を迎えるとしたら、どのような気持ちだろうか。それも、罪人がかかる十字架の刑を受けるとしたら、果たして感謝ということばが口から出てくるだろうか。おそらく、死刑ということばを聞いただけで身震いするだろう。イエス様も、死を前にして恐れに感情が揺り動かされ、一晩中祈られた。しかしイエス様は、人類を救う十字架を避けて通ることをされず、死を目前にした最後の晩餐で、こう感謝をささげられた。

「杯を取り、感謝をささげて後、……それから、パンを取り、感謝をささげてから」

（ルカ二二・一七，一九）

イエス様は、弟子たちと最後の食事をされる厳粛な場で、ご自身の体と血を象徴するパンとぶどう酒を分け与えながら、くり返し感謝をささげられた。

「これはわたしの体です。取って食べなさい。これはわたしの血です。飲みなさい」

イエス様は、死の十字架を前にして感謝をささげられた。ご自身の体を差し出し、感謝の祈りをささげられたのだ。

三十三歳で死を目前にした最後の晩餐でささげられた主の感謝こそ、奥の深い感謝であり、感謝の中の感謝であると言うことができる。死を前にしての感謝は、永遠のいのちに対する確信、復活の希望をもった者だけがささげることができる感謝だ。

イエス様は、生涯のすべてのことを感謝に結びつけられた。イエス様は、いつも天を見上げて感謝をささげられた。

花を見ながら感謝することは、花を造られた神様に対する感謝であり、木を見て感謝することは、木を造られた神様に感謝することだ。天を見上げながら感謝することは、天を造られた神様に対する感謝である。

感謝の種を蒔く人だけが、さらに大きな感謝の実を刈り取ることができる。これは人生の法則であり、イエス様はそれを、ご自身の生涯を通して見せてくださったのだ。

二十八番目の感謝

小さなことを大切に思う心

説教王と言われたスポルジョン牧師は、生前、感謝の祈りをいつもささげていたそうだ。

「ろうそくの火を見て感謝する人に、神様は電灯の明かりを下さり、
電灯の明かりを感謝する人に、月明かりを下さり、
月明かりを感謝する人に、日光を下さり、
日光を感謝する人に、永遠に消えることのない天国の栄光を照らしてくださる」

小さなことに感謝する人が、大きなことを感謝できるようにしてくださる神様。神様は小さなことを大切に思い、感謝する人を喜ばれる。そしてそのような謙遜な心を備えた人を、さらに良いもので満たしてくださる。そのため、聖書には小さなことに忠実な人に、大きなことを任せてくださる話がよく出てくる。

もちろん私たちは、小さなことに感謝し、小さなことに忠実であり、小さなことを大切にするべきだということをよく知っている。ただ実践できないだけなのだ。

ヘンリー・フォードが自動車王として名声を響かせていた頃、ジョージア州の田舎の小さな村にある学校の、マーサ・ベリーという女性の先生から、一通の手紙を受け取った。

手紙の内容は、子どもたちのために学校にピアノを一台購入したいのだが、一千ドルを寄付してくれないかというものだった。フォードは、いつものような儀礼的な手紙だと思い、大したことはないと思って十セントだけ封筒に入れて送った。

しかし、ヘンリー・フォードから十セントを受け取った先生は落胆しなかった。

「一千ドルではないが、この十セントで何か意味のあることができるはずだ」

十セントを無駄にしたくなかった先生は、一晩悩んだ。次の日、彼女はその十セントを持って店に行き、ピーナッツの種を買った。そして生徒たちとピーナッツ作りを始めたのだ。先生は生徒と一緒に汗を流しながら、ピーナッツ畑を心を込めて耕し、よく実ったピーナッツを収穫して感謝の手紙と一緒にヘンリー・フォードに送った。きれいに包装されたピーナッツの入った箱を受け取ったフォードは、大変感動し、その学校に一千ドルではなく一万ドルを寄付した。一千ドルの一万分の一である十セントをもらっても、不平一つ言わず感謝した先生の心が、十セントの十万倍である一万ドルという収穫をもたらしたのだ。

小さな感謝の中には、より大きな感謝を生み出す奇跡が隠されている。

私たちがよくだまされるのは、すべてのものを当然のことだと考えて感謝しないということだ。自分が受けている愛も当然、自分が受けている待遇も当然、自分がしている仕事も当然であり、自分が今、健康なことも当然だと考えているのだ。

しかし、そうではない。目を開いて、世界を見れば分かる。私たちの周りには、当然だと考えていることも得ることができず、苦しんでいる人たちがどれほど多いことだろうか。当然のことを感謝し始めると、ありがたいという思いがさらに大きくなり、また一つ感謝の実が生まれるのだ。

私が小さい感謝の喜びと幸せに目が開かれたのは、アメリカにいたときのことだった。ある長老の温かい夕食への招待が、人生で感謝を実践しようと決心するきっかけとなったのだ。その長老は感謝祭になると、いつも何組かの家族を招待して食事のもてなしをしていた。

この長老夫婦は、牧師と貧しい留学生家族に仕える働きを、二十年以上続けてきた誠実な方たちだった。

彼らもやはり、広いアメリカの地に来たとき、見知らぬ地で寂しく涙を流したことも多かったという。ところが初めての感謝祭のとき、隣のアメリカ人夫婦が彼らを家に招待してくれ、それが慰めと力になったということだった。

それから今まで、彼らは同じ境遇にある寂しい移民者たちに、少しでも温かい心を分け与えようと、感謝祭が来るたびに、何組かの家族を招待して夕食をともにしているのだと話してくれた。

その日も、私たち家族と他の牧師の家族、留学生が何家族か招待を受けて集まった。暖かい暖炉の前で和やかに話をしていると、寂しく寒々とした異国暮らしのつらさが、雪が溶けるように消えていくようだった。

みんなで彼らが心を込めて準備してくれた食卓についた。食卓には感謝祭の料理である七面鳥と、韓国の秋夕《チュソク》の料理であるお餅まで、たくさん用意してあった。私たちは互いの手をしっかり握って、恵みにあふれた感謝の賛美をともに歌った。賛美の後、長老は次のような提案をした。

「今日は感謝祭です。一人一つずつ、神様に感謝することを分かち合いましょう」

そう言って、長老が最初に感謝の祈りを始めた。

「この季節に毎年、牧会者と留学生の家庭に仕える特権を与えてくださり感謝します」

集まっていた家族たちは皆「アーメン（その通りですの意）」と答え、続けて感謝の祈りがささげられた。

「感謝祭のたびに招待してくださる長老家族に感謝します」

「同じ教会でともに主に仕えることができて感謝します」

「苦しい生活の中でも、学業を続けることができて感謝します」

「子どもたちが、学校生活によく適応できて感謝します」

「遠い外国の地でも、頼れる方たちがいて感謝します」

慌ただしく生活しているときには、このようなことが感謝に値するだろうかと思うが、小さなことでも感謝できることを思い起こしてみると、感謝できないことは一つもなかった。

その晩、皆が順番に一つずつ感謝の祈りをささげながら、幸せそうだった姿が今も忘れられない。

その日、私たちの口から出た小さな感謝の告白は、生活から出た飾り気のない感謝のことばであり、すべてのことについて感謝しなさいという聖書のことばの真理を悟

小さなことに感謝しなさい。

大きなものを得るでしょう。

足りないときに感謝しなさい。

あふれ満たされるでしょう。

苦しい中で感謝しなさい。

問題が解決されるでしょう。

持っているものの中で感謝しなさい。

楽しみながら生きることができるでしょう。

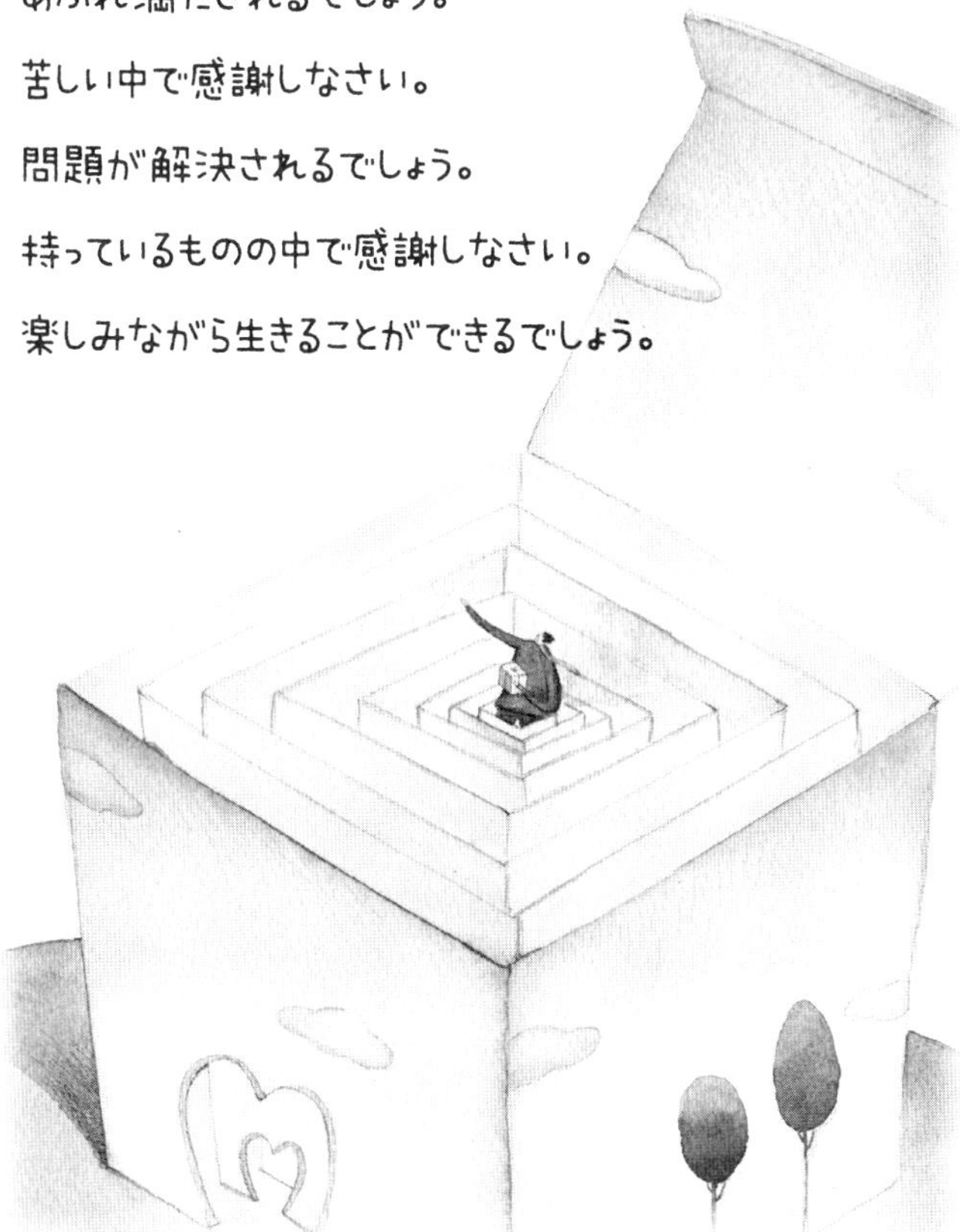

ることのできた尊い時間だった。

小さなことに感謝できる人が、毎日感謝でき、一番多くのことに感謝することができ、一番幸せになれるというシンプルな真理なのだ。

その日家に戻った私は、小さなことに感謝し、実践する心を下さいと神様に祈った。

そしてその晩、私は「小さな感謝」について、こう書いた。

神様は、とても小さな私を選ばれ、小さな私を愛され、小さな私を喜ばれた。

世界のすべてのことは、小さなことから始まった。

広々とした野原も小さな野の草一つから、大きく美しい庭園も一本の木から、素敵な花壇も一本の花から始まった。

広い砂漠も小さな砂が集まって作られ、川と海もやはり、小さな一滴の水から始まった。飛行機、自動車、テレビ、コンピュータなど、すべてのものは小さな部品が集まってできている。

小さな感謝、小さな愛、小さな微笑み、小さな分かち合い、小さな祈り、小さな実践、

小さなことをいつくしみ大切に思う心が、神様の心である。
私もまた、小さなことに感謝する人生にしよう。
とても小さなことを一生感謝する人生に。

29

二十九番目の感謝

一生感謝の人生

小さなことに感謝し始めてから、私の人生にはボーナスとしていただいたものが増えた。

まず心の中に自由と喜びと平安が訪れた。それまで意気消沈していた生活が回復し、家庭生活も以前よりずっと良くなった。

私が毎日「感謝、感謝」と言うようになると、子どもたちは、お父さんが変になったと驚いた。そして子どもたちが私にあだ名をつけた。「感謝お父さん。感謝牧師」というあだ名だった。

内心、そのあだ名が嫌でなかった私は、その後、我が家の家訓を「一生感謝」に変え、その素晴らしい四文字を書いて額に入れ、リビングの真ん中のよく見えるところにかけた。

そして朝起きると、スローガンのように「一生感謝」と習慣的に何回か叫んで一日を始めた。

人生を振り返ってみると、感謝できないことは何もない。そう分かれば感謝できないことはないのだが、「気がついてみると死ぬ日が近い」ということばがあるように、一瞬にして過ぎてしまうのが私たちの人生だ。

そこで、これ以上遅くなる前に、私が実践しているいくつかの習慣を、この本を読んでいる読者の方々と分かち合いたいと思う。

今、私は毎日、七つの感謝のリストを日記帳に書いている。以前は祈りの課題を日記帳に書いていたのだが、今は「一生感謝」と題をつけたノートに、日記のようにして小さな感謝の項目を探し、毎日感謝する習慣を養っている。

祈りの課題を書いていたときも良かったが、感謝のリストを書くようになってから、感謝することを探そうとさらに感謝に敏感な人生を送るようになった。祈祷課題も答えられたらすぐに感謝するので、一生感謝の日記帳は一石二鳥の効果がある。

私が感謝する内容は、毎日の日常で起きる、次のようにとても小さなことだ。

一　学校へ行く子どもたちの頭に手を置いて、祝福の祈りをささげさせてくださり感謝。
二　田舎の母親の温かい声を電話で聞くことができて感謝。
三　妻が私の書斎に来て、部屋をきれいに掃除してくれて感謝。
四　文章を書くのがゆっくりではあるが、少しずつ進んでいることに感謝。
五　中学生の息子が、父親より背が高くなったことに感謝。
六　いつもくり返される日常を、感謝する心で迎えられて感謝。
七　娘が風邪で学校に行けなかったが、クラスの友だちが見舞いに来てくれて感謝。

北漢山の裾野にある小さな書斎にも「感謝書房」という名前をつけた。毎朝自転車で出勤し、夕方遅くまで読書や執筆で一日を楽しむ大切なこの空間が、感謝でいっぱいになるようにという思いからだ。

そこには私が特別に好きな木が一本ある。樹齢五十年ほどになる大きなけやきの木だ。私は、このけやきの木にも「感謝の木」という名前をつけた。

木の下にはとても大きな石があって、そこに座って休んだり、祈ったり、人が来ると写真を撮ったりするのだが、その木の下にいるだけで自然と感謝が湧いてくる。豊かなけやきの木の味わいが感じられるからだ。

気が早いかも知れないが、もう自分の墓碑に刻むことばも考えてある。「一生感謝しつつ生き、神のもとへ帰っていった」である。それほどに私は、この世で生きる間を、感謝の心で過ごしたいのだ。一生感謝し、小さなことにも毎瞬間感謝する人生を送りたい。

あるところで「ものすごく感謝しなさい」と書いてあるのを見たことがあるが、私の人生もまた、私の家族、周りの友人や知人たちに、そして何よりも神様に「ものすごく」感謝しつつ送りたいと思う。

私は、今この瞬間も感謝書房で、つたない文章ではあるが与えられている能力に感謝し、毎日感謝することを探しながら文章を書いている。

これからも、小さなことを大切になさる神様の心を持ち、さらに小さなことに感謝しつつ、一生感謝の心で残りの人生を生きたい。

また、この本を読んでくださる方々にも、一生感謝の人生が幸せを見つけるカギとなることを心から祈っている。

感謝したからと言って

すぐに環境が変わるわけではない。

しかし感謝すると、私たち自身が変わる。

私たちの心が豊かになっていき

人生を見る目と深さが変わっていくのだ。

私の人生の感謝ベスト10

1．イエス様を受け入れ、救いを受けたこと。

2．愛する妻に出会い、結婚して一生をともにできること。

3．愛らしい娘と息子を与えられたこと。

4．牧師按手を受けたこと。

5．南ソウル教会の、ホン・ジョンギル牧師のもとで学べたこと。

6．リンカーンの本がベストセラーになり、韓国ワードオブライフ社の50周年の本に選ばれたこと。

7．いろいろな教会に招待され、説教できること。

8．アメリカに住んで、いろいろな経験を積めたこと。

9．あらゆることを分かち合える大切な友人が、何家族か与えられたこと。

10．北漢山の麓に書斎「感謝書房」が与えられたこと。

私の人生の感謝ベスト10

エピローグ

感謝のことば

一冊の本ができ上がるまでには、見えない多くの人たちの労苦が必要だということを、改めて痛感した。

神様が造られた美しい世界に私を生んでくださり、今まで祈りと愛で支えてくれた両親に、まず感謝をささげる。

そして、私の愛する家族たちにも感謝の心を表したい。娘ハヨンと息子ソンミンには、慣れない韓国生活にもよく適応してくれていることに感謝する。愛する妻には、足りない夫のそばにいつもいてくれることを感謝する。妻は、私が文章を書くたびに必ず超えなくてはならない大きな山であり、一番厳しい読者でもある。しかし、いつも喜びの心で私の文章を一番先に読み、細かくチェックしてくれる熱烈な後援者でもある。そして時折、文章が気に入ると、こう私を励ましてくれる。

「あなた。この文はずいぶん気を遣って書いたわね。お疲れさま」

どんなに感謝しても足りない私の師であり、メンターであるホン・ジョンギル牧師と、忙しい中でも推薦のことばを書いてくださり、さらに素晴らしい本にしてくださったオ・ジョンヒョン牧師、そして『月の街山の街』と『こんぼパン』で多くの読者に愛のメッセージを伝えておられるイ・チョルファン先生に心から感謝する。

また、この本の感謝のテーマにふさわしい、素敵なイラストを描いてくださったイ・スンエ先生と、一冊の本が完成するまで忠実に忍耐をもって、いつも最善を尽くしてくださった、韓国ワードオブライフ社の方々に、感謝のことばを伝えたい。

合わせて、文章を書いている孤独な時間、私の友となってくれた北漢山の麓にある感謝書房のけやきの木にも、感謝の心を表したい。

最後に、この本を出版するまで私の背後で静かに見守り、必要なときにはいつも、大きな力と知恵を下さった私の神様に、すべての栄光と感謝をささげる。

北漢山の麓の感謝書房にて
感謝があふれる世界を夢見ながら
牧師　ジョン・クゥアン

幸せの扉を開く29のカギ
一生感謝

2012年 3月1日 第1刷発行
2019年 5月1日 第4刷発行

著者 ジョン・クゥアン

訳者 吉田英里子

発行 小牧者出版
〒300-3253 茨城県つくば市大曽根3793-2
TEL: 029-864-8031
FAX: 029-864-8032
E-mail: info@saiwainahito.com
http://saiwainahito.com

印刷 新生宣教団

乱丁、落丁はお取り替えいたします。
 ISBN978-4-904308-05-9